Erwin Koller, Johannes Fischer (Hrsg.)

Der wirtschaftliche Erfolg und der gnädige Gott

TVZ

Erwin Koller, Johannes Fischer (Hrsg.)

Der wirtschaftliche Erfolg und der gnädige Gott

Christliche Arbeitsmoral, Sozialstaat und Globalisierung

Texte zum Symposium
«Zwischen Grossmünster und Paradeplatz»
vom 19. Januar 2007 in Zürich

EDITION **N Z N**
BEI **T V Z**
Theologischer Verlag Zürich

Die deutsche Bibliothek – Bibliografische Einheitsaufnahme
Die Deutsche Bibliothek verzeichnet diese Publikation in der Deutschen
Nationalbibliogrfie; detaillierte bibliografische Daten sind im Internet
über <http://dnb.ddb.de> abrufbar.

ISBN: 978-3-290-20040-4

Umschlaggestaltung: Simone Ackermann, Zürich
Druck: ROSCH-BUCH GmbH, Scheßlitz

© 2007 Theologischer Verlag Zürich
www.tvz-verlag.ch

Inhaltsverzeichnis

Erwin Koller

Zwischen Grossmünster und Paradeplatz

Dieses Buch dokumentiert die Referate und Diskussionen des Symposiums, zu dem sich am 19. Januar 2007 in Zürich Gäste aus Kirchen und Wirtschaft, Politik und Wissenschaft versammelt haben. Veranstalter waren die *Katholische Kirche im Kanton Zürich* und das *Institut für Sozialethik* der Theologischen Fakultät der Universität Zürich. Sein Titel *Zwischen Grossmünster und Paradeplatz* zeigt dem Kenner der Stadt das Spannungsfeld an, dem sich das Symposium widmete.

Das Grossmünster ist bekannt als Wirkungsort des Zürcher Reformators Huldrych Zwingli und darum eines der wichtigsten Symbole der Schweizer Reformation. Im Chor dieses Doms entstand bald nach der Reformation die Zwingli-Bibel, als Arbeit eines Teams von Theologen, die ihre Erkenntnisse sorgfältig zusammentrugen und schon 1531 zu einer Gesamtausgabe fügten – nicht als Werk eines Einzelnen wie die Lutherbibel, die sein Autor in nicht ganz freiwilliger Abgeschiedenheit auf der Wartburg schuf. Vor diesem Hintergrund sind die zwei Türme des Grossmünsters nicht nur ästhetisch zu Zürichs Wahrzeichen geworden, Zwinglis Grossmünster prägte auch Geist und Mentalität der Stadt spürbar bis in die Gegenwart. Die Geschichte der Kirche reicht freilich weiter zurück, ja sie zählt vor der Reformation sogar mehr Jahrhunderte als seither. Das Grossmünster ist ein Ort, an dem seit mehr als tausend Jahren Christen gemeinsam beten und feiern, ein Symbol darum, das Reformierte und Katholiken trotz schmerzlicher Spaltung auch verbindet.

Der Paradeplatz steht für Zürichs Bankenwelt. Die zwei Grossbanken Credit Suisse und UBS haben dort ihren Sitz, die Bank Leu (sozusagen die ehemalige Staatsbank[1]) und die Zürcher Kantonal-

---

1 Sie geht zurück auf den Säckelmeister und späteren Bürgermeister Johann Jacob Leu, der als Präsident der Zinskommission darauf zu

bank (die heutige Bank mit staatlicher Garantie) sind an der geschäftigen Bahnhofstrasse nebenan. Nahe am Platz steht auch die Alte Börse, bis 1993 die wichtigste Drehscheibe des Schweizer Finanzplatzes, und ein paar Schritte entfernt befindet sich der Zürcher Sitz der Schweizerischen Nationalbank. Der Paradeplatz ist damit nicht nur ein Zentrum der Bankenwelt, sondern der Wirtschaftsmetropole der Schweiz. Es traf sich, dass das Symposium auf Einladung der Credit Suisse Group am Paradeplatz stattfand und wegen der vielen Anmeldungen in einen Saal des ehemaligen Grossmünsterstifts (heute das Theologische Seminar der Universität) übertragen werden musste.

An der Achse zwischen Grossmünster und Paradeplatz liegt das Stadthaus – am Ort des ehemaligen Klosters Fraumünster –, der Sitz der Stadtzürcher Regierung. Die Politik blieb vom Verhältnis von Kirche und Wirtschaft nicht unberührt, vielmehr gestaltete sie es vor allem seit der Reformation aktiv mit. Und heute ist sie trotz und wegen der Trennung von Kirche und Staat mit der Tatsache konfrontiert, dass der freiheitliche säkulare Staat von Voraussetzungen lebt, die er selber nicht garantieren kann, ohne seine Freiheitlichkeit in Frage zu stellen, wie der Staatsrechtler und ehemalige deutsche Bundesrichter Ernst-Wolfgang Böckenförde schon in den 60er Jahren des letzten Jahrhunderts formulierte. Diese Einsicht muss die Kirchen und Religionen in einer neuen Weise auf den Plan rufen.

Im Gefolge der Französischen Revolution und der Neugestaltung der Schweiz durch Napoleon bekamen die Katholiken 1807 das Recht, auch in Zürich wieder Eucharistie zu feiern. 200 Jahre später wollte die katholische Kirche im Kanton Zürich einige Akzente setzen und nahm den Vorschlag gerne auf, ein Symposium zum Thema *Kirchen und Wirtschaft* durchzuführen. Und dankenswerterweise

achten hatte, dass die Bürger nicht weniger als drei Prozent Zins bekamen und auch nicht mehr als fünf Prozent zu bezahlen hatten (was darüber lag, galt gemäss dem Zinsmandat aus der Zeit Zwinglis als Wucher). Um mit dieser schmalen Spanne erfolgreich fertig zu werden, beschloss der Zürcher Rat 1754, die Leu et Compagnie einzurichten (vgl. Jung, Joseph [2005]: Notizen zur 250-jährigen Geschichte der Bank Leu «... die höchst ehrenvolle Tradition der ältesten Bank der Schweiz...» In: Im Wechsel der Perspektiven. 250 Jahre Bank Leu. Orell Füssli Verlag Zürich, S. 121–149).

schloss sich das Sozialethische Institut der Universität Zürich bereitwillig an und garantierte die wissenschaftliche Verankerung der anspruchsvollen Thematik.

Die Frage nach dem Verhältnis von Religion und Wirtschaft ist aktuell: Die Globalisierung des Marktes ruft aus ethischer Perspektive nach einer Globalisierung des Gemeinwohls. Der Mensch ist konstitutiv Subjekt des Wirtschaftens und darf nicht zu dessen Objekt degradiert werden. Seine Arbeit hat darum Vorrang vor dem Kapital. Dies alles hat Konsequenzen nicht nur für den Finanzplatz und die Wirtschaft, sondern auch für die Kirchen und Religionsgemeinschaften: Sie müssen ihre Verantwortung vor Gegenwart und Zukunft wach und kritisch wahrnehmen.

Mögen die hier versammelten Artikel auch dazu beitragen, dass vermehrt zu diesem Thema geforscht wird. Der am Symposium leider verhinderte Professor Josef Mooser von der Universität Basel kam in seinen Vorarbeiten zum Befund, dass es keinen Forschungsstand zum Thema Konfession und Wirtschaft in der Schweiz gibt, sondern nur eine Reihe verstreuter Bemerkungen über die *protestantische Ethik* bei einzelnen Unternehmern. An detaillierten Fragestellungen zu diesem Thema fehlt es in diesem Buch nicht.

Professor Johannes Fischer sowie Josef Bruhin SJ von der Arbeitsgruppe *200 Jahre unterwegs* danke ich sehr für die konstruktive Zusammenarbeit bei der Vorbereitung und Durchführung des Symposiums. Den Autoren und den Personen, die auf den beiden Podien mitgewirkt haben, danke ich für das Engagement, mit dem sie präsent waren, und für den Humor, den sie über alle Konfessionsgrenzen hinweg spüren liessen. Das Symposium zeigte, dass Reformierte und Katholiken in Zürich in der Lage sind, sich miteinander von ihrer je eigenen Geschichte und Mentalität her den künftigen Herausforderungen zu stellen, ganz im Sinn des Ökumenebriefes, den Kirchenratspräsident Ruedi Reich und Weihbischof Peter Henrici schon vor 10 Jahren formuliert haben und der im Anhang dokumentiert ist.

Den wirtschaftlichen Erfolg sucht man heute kaum mehr, um die Gewissheit eines gnädigen Gottes zu bekommen. Doch der gnädige Gott – oder nüchterner: eine aus spirituellen Ressourcen gespeiste Gelassenheit – kann Kopf und Hände frei machen, um mit Erfolg das Wirtschaften gerechter zu gestalten.

Zürich, Anfang Juni 2007   Erwin Koller

Johannes Fischer

Gemeinsame Aufgaben im Blick nach vorn

Der Anlass für das Symposium, das dieses Buch dokumentiert, war die Erinnerung an ein Ereignis, das 200 Jahre zurück liegt. 1807 erhielten die Katholiken das Recht, auf dem Boden des Kantons Zürich ihren Glauben in Form öffentlicher Gottesdienste zu praktizieren. Es waren wirtschaftliche Entwicklungen, die diesem *Toleranzedikt* vorausgegangen sind. Die Katholiken waren Zuwanderer, die in Zürich in der Regel als Arbeitnehmer unter reformierten Arbeitgebern Beschäftigung fanden. Die Wirtschaft führte beide Konfessionen zusammen, so wie sie auch heute Menschen unterschiedlichen Glaubens zusammenführt. Dabei haben beide Konfessionen auf ihre Weise das wirtschaftliche und politische Leben der Stadt und des Kantons geprägt.

Der Titel des Symposiums *Zwischen Grossmünster und Paradeplatz* spielt an auf die Bedeutung, die die reformierte Tradition für die wirtschaftliche Entwicklung in Zürich gehabt hat. Der Soziologe Max Weber hat den Beitrag gerade der reformierten Tradition zur Entwicklung der Wirtschaft unter kapitalistischen Bedingungen in seinem Werk *Die protestantische Ethik und der Geist des Kapitalismus* beschrieben. Auch wenn er dabei mehr Calvin und die calvinistische Tradition mit ihrem Prädestinationsglauben im Blick hatte als Zwingli und die Zürcher Reformation, und auch wenn seine diesbezüglichen Thesen nicht in allem unwidersprochen geblieben sind, so treffen sie doch etwas sehr Wesentliches. Die reformierte Auffassung des christlichen Lebens als eines Dienstes, den der Christ in der Welt zu leisten hat, hat zur Entwicklung eines spezifischen Arbeitsethos beigetragen. Wie man gerade bei Zwingli, dem die Ordnung der sozialen Verhältnisse in Zürich ein vordringliches Anliegen gewesen ist, sehen kann, war damit ein hohes soziales Ethos verbunden. Was dies betrifft, mag daran erinnert werden, dass auch der religiöse Sozialismus zu Beginn des 20. Jahrhunderts, der mit den Namen Leonhard Ragaz, Hermann Kutter und Karl Barth verbunden ist, mit seiner Kritik am Kapitalismus wesentlich in dieser Tradition stand und starke Wurzeln in Zürich gehabt hat. Die kapitalistische Wirtschaftsweise mit ihren inneren Spannungen hat also innerhalb dieser Tradition durchaus unterschiedliche Resonanz gefunden. Max Webers These zufolge hat das reformierte Arbeitsethos in Verbindung mit dieser Wirtschaftsweise die Voraussetzungen für eine prosperierende wirtschaftliche Entwicklung geschaffen. Dieses Arbeitsethos ist, erst einmal verinnerlicht, nach Webers Diagnose auch da noch wirksam geblieben, wo seine religiösen Wurzeln sich immer mehr abgeschwächt haben oder gänzlich verschwunden sind.

Es mag paradox erscheinen, dass ausgerechnet der Protestantismus ein solches Arbeitsethos aus sich herausgesetzt hat. Denn im Zentrum der Reformation stand die Lehre von der Rechtfertigung des Menschen vor Gott gerade nicht aufgrund seiner Werke, sondern allein aus Glauben. Diese Lehre scheint eher nahe zu legen, das Lob des Müssiggangs anzustimmen und sich ganz auf die rechtfertigende Wirkung des Glaubens zu verlassen. Doch hat gerade diese Lehre zur Aufwertung der Werke und zu eben jener Rationalisierung der Lebensführung geführt, die Max Weber beschreibt. Denn wenn es der Glaube ist, der vor Gott rechtfertigt, dann kann es zu einer das Leben des Christen begleitenden Frage werden, wie es um den eigenen Glauben steht und ob man zu den von Gott Erwählten gehört. Und hier kann die eigene Lebensführung zu dem werden, woran man sich dessen zu vergewissern sucht. Leitend ist dabei der Gedanke, dass da, wo rechter Glaube ist, auch eine entsprechende Lebensführung ist – Luther gebrauchte hierfür das Bild vom guten Baum, der gar nicht anders kann als gute Früchte hervorzubringen –, was im Umkehrschluss bedeutet, dass da, wo es mit der Lebensführung nicht stimmt, auch der rechte Glaube fehlt. Damit werden die Werke erneut wichtig, zwar nicht als etwas, womit man sich im Hinblick auf das göttliche Gericht etwas verdienen kann – dagegen stand die Lehre von der Rechtfertigung allein aus Glauben –, wohl aber als etwas, anhand dessen man sich der eigenen Erwählung vor dem inneren Gerichtshof des eigenen Gewissens versichert. Das Gewissen wird solchermassen zu der Instanz, vor der die eigene Lebensführung bestehen können muss, und in mancher Hinsicht ist

12

diese Instanz unnachsichtiger als der göttliche Richter, bei dem immerhin Hoffnung auf Vergebung besteht. So hat der Protestantismus insbesondere in seiner reformierten Gestalt eine bestimmte, innengeleitete Weise der Lebensführung geprägt. Nach aussen manifestierte sie sich, wie gesagt, in einem aktiven, tätigen Leben, und im wirtschaftlichen Bereich in einem entsprechenden Arbeitsethos.

Der Beitrag der katholischen Kirche und Theologie im Blick auf die Ordnung der modernen, kapitalistisch organisierten Wirtschaft erfolgte vor allem in Form der katholischen Soziallehre, zu deren Entwicklung die päpstliche Enzyklika *Rerum novarum* von 1891 den Anstoss gab. Sie verbindet drei Prinzipien miteinander. Das erste und wichtigste ist das Personprinzip: Die menschliche Person ist der *Träger, Schöpfer und das Ziel aller gesellschaftlichen Einrichtungen*, weshalb diese dauernd am Wohl der Person zu orientieren sind. Etwas salopp ausgedrückt ist hiernach nicht der Mensch für die Wirtschaft da, sondern die Wirtschaft für den Menschen. Um die Bedeutung dieses Prinzips zu erfassen, muss man sich nur die Ideologien des 20. Jahrhunderts in Erinnerung rufen, in denen Kollektivgrössen wie *das Volk* oder *die Nation* als das Ziel aller gesellschaftlichen Anstrengungen proklamiert wurden. Das zweite Prinzip ist das Solidaritätsprinzip, wonach das Ziel aller gesellschaftlichen Interaktionen die Verwirklichung des Gemeinwohls ist, und zwar – im Sinne des ersten Prinzips – um der menschlichen Personen willen, die daran partizipieren. Das dritte Prinzip ist das Subsidiaritätsprinzip, das auf die Verantwortung jedes einzelnen setzt. Was dieser in eigener Verantwortung leisten kann, das soll nicht von übergeordneten Instanzen, insbesondere durch den Staat, übernommen werden. Denn darin liegt die Gefahr der Entmündigung des einzelnen. Wohl aber sollen die übergeordneten Instanzen die untergeordneten wie z. B. die Familie darin unterstützen, dass sie ihre Verantwortung wahrnehmen können. Die katholische Soziallehre hat einen kaum zu überschätzenden Beitrag zur Idee eines in sich ausgewogenen Sozialstaates geleistet. Sie ist nicht bloss eine Theorie, sondern von ihr sind im Bereich der katholischen Sozialarbeit und Diakonie grosse praktische Wirkungen ausgegangen. Das gilt auch für die Schweiz. Erinnert sei etwa an die Armutsstudie der Caritas, die vor einigen Jahren überhaupt erst darauf aufmerksam gemacht hat, dass und in welchem Ausmass es Armut in der Schweiz gibt.

Es war zwar kein Thema des Symposiums, aber wenn es um die wirtschaftliche und kulturelle Entwicklung der Stadt und des Kantons Zürich geht, dann darf der bedeutende Beitrag nicht unerwähnt bleiben, den die jüdischen Bürgerinnen und Bürger hierzu geleistet haben. Nachzulesen ist dies in dem überaus eindrücklichen Buch über die *Geschichte der Juden im Kanton Zürich*.[2] Es mag aus heutiger Sicht eigenartig berühren, dass die Katholiken erst vor 200 Jahren das Recht zur freien, öffentlichen Religionsausübung erhielten. Doch die Gleichstellung der jüdischen Bürgerinnen und Bürger ist erst ein halbes Jahrhundert später erfolgt.

Das Symposium hatte zwei Teile, und dies spiegelt sich in den Beträgen dieses Buches wider. Im ersten geht es um das *Erbe der Geschichte*, d. h. um die Frage, wie die protestantisch-reformierte und die katholische Tradition das wirtschaftliche und auch politische Leben in dieser Stadt und darüber hinaus geprägt haben. Im zweiten geht es um *die Herausforderungen der Zukunft* unter dem Stichwort der Globalisierung. Die Globalisierung hat die Reichweite unserer ethischen Verantwortung in eminenter Weise erweitert, und das in vielen Bereichen. So debattiert man in der Medizin- und Bioethik über globale ethische Standards. In der politischen Ethik ist in Anbetracht einer zusammengerückten Welt die Frage humanitärer Interventionen oder das Problem der globalen Durchsetzung der Menschenrechte zu einem brennenden Thema geworden. Auch in der Wirtschaftsethik hat die Globalisierung eine intensive Debatte ausgelöst, zum Beispiel im Blick auf ethische Standards für weltweit operierende Unternehmen.

Auf dem Hintergrund der Beobachtung, wie stark die Religion die heutige Welt geprägt hat, auch wenn diese sich ihrer religiösen Wurzeln weithin nicht mehr bewusst ist, stellt sich die Frage, welchen Beitrag die Kirchen und Konfessionen heute in Anbetracht der globalen wirtschaftlichen Herausforderungen leisten können. Sie befinden sich in einer besonderen Position, da sie die ältesten *Global players* sind, weit älter noch als heute weltweit operierende Unternehmen. In der katholischen Kirche, die sich als

2 Hrsg. von Ulrich Bär et. al., Zürich 2005.

Weltkirche versteht, ist das stärker im Bewusstsein als auf protestantischer Seite. Was können die Kirchen unter den Bedingungen der Globalisierung zur Gestaltung der Wirtschaft beitragen?

Es ist hier an etwas zu erinnern, das in der heutigen ethischen und wirtschaftsethischen Debatte häufig nicht so im Blick ist, wie es im Blick sein sollte. In dieser Debatte stehen das *Handeln* der wirtschaftlichen Akteure im Zentrum sowie die *Normierung* dieses Handelns durch staatliche Rahmenordnungen und ethische Unternehmensstandards. Im Blick auf den Beitrag der Kirchen gilt es demgegenüber zu sehen, dass das christliche Ethos ein Ethos nicht bloss des Handelns, sondern ein Ethos der *Lebensführung* ist. Die Frage, mit der die Menschen im Neuen Testament – etwa in Jesu Ruf in die Nachfolge – konfrontiert werden, betrifft nicht ihr Handeln, sondern die Ausrichtung ihres gesamten Lebens. Nur weil das christliche Ethos ein solches der Lebensführung ist, in dem es um die grundlegendste Frage geht, die Menschen sich stellen können, nämlich wie sie leben können und wollen, hat es jene Wirkmächtigkeit haben können, die Max Weber beschrieben hat. Der Beitrag der Kirchen in Anbetracht der globalen Herausforderungen liegt daher zwar einerseits in ihrer Beteiligung an der öffentlichen Debatte über die globale Durchsetzung von Menschenrechten und ethischen Standards. Er liegt aber auch und vor allem darin, dass die Kirchen – öffentlich weit weniger sichtbar – mit ihrer Verkündigung und Bildungsarbeit Menschen in ihrer Lebensführung prägen und zu sozialer Verantwortung in ihrer Berufs- und Lebenswelt ermutigen. Um Gesellschaft gestalten zu können, braucht es Menschen, die den Gedanken sozialer Verantwortung in ihr Lebenskonzept integrieren und zum Bestandteil ihrer Lebensführung machen. Hier liegt die wohl wichtigste Aufgabe der Kirchen im Blick auf die sozial- und wirtschaftsethischen Herausforderungen, mit denen wir heute konfrontiert sind.

Der Blick zurück auf die Geschichte kann den Blick schärfen für die geistigen und spirituellen Ressourcen, die wir mitbekommen haben. Der Blick nach vorn in die Zukunft schärft den Blick für die Aufgaben, die es zu bewältigen gilt. Ein Ergebnis dieses Symposiums war, dass es diese als gemeinsame Aufgaben ins Bewusstsein hob: der Kirchen, der Universität, der Wirtschaft und der Politik.

Friedemann Voigt

An der Wiege des modernen Wirtschaftsmenschen

Max Webers *Protestantische Ethik* im historischen Kontext und ihre Bedeutung für eine Wirtschaftsethik heute[1]

Auf einer Tagung des Schweizer *Liberalen Instituts* im Sommer 2005 zum Thema *Christlicher Glaube und Kapitalismus* diskutierten die dort Versammelten dieses schwierige Verhältnis auf der Grundlage von Texten aus der christlichen, vornehmlich protestantischen Tradition. In der hitzigen Erörterung eines Textes von Zwingli meldete sich der Chef der Wirtschaftsredaktion der *Neuen Zürcher Zeitung*, Gerhard Schwarz, engagiert zu Wort. Er beklagte den ökonomischen Unsinn der Kirchen, der aus Texten wie dem Zwinglis folge: «Die Mehrheit der kirchlichen Vertreter steht auf der sozialistischen, nicht auf der marktwirtschaftlichen Seite.»[2]

In dieser Begebenheit bringt sich eine Gesprächslage zwischen Vertretern von Religion und Wirtschaft zum Ausdruck, die häufig von einem mehr oder weniger starken Misstrauen geprägt ist. Gegenseitige Vorwürfe mangelnder moralischer bzw. ökonomischer Kompetenz haben eine lange Tradition. Wenn ein Kolloquium wie das hier dokumentierte Vertreter von Wirtschaft und Religion auch einmal dazu bringt, miteinander statt übereinander zu sprechen, so ist eine Rückerinnerung an Max Webers *Die protestantische Ethik und der ‹Geist› des Kapitalismus* (im Folgenden *Protestantische Ethik*) eine gute Wahl, um festgefahrene Vorurteile aufzuweichen. Zunächst einmal nämlich erinnert der Text daran, dass Religion und Wirtschaft, genauer Protestantismus und moderner Kapitalismus eine gemeinsame Geschichte haben.

---

1 Der Titel ist ein Zitat aus Max Weber: Die protestantische Ethik und der Geist des Kapitalismus, in: ders.: Gesammelte Aufsätze zur Religionssoziologie I, Tübingen 1988⁹, S. 17–206, hier S. 195. Die Seitenzahlen im nachfolgenden Text beziehen sich auf diese Publikation.

2 http://ger.libinst.ch/events/special/Bericht_Glaube_Kapitalismus.pdf (Stand August 2007).

Ebenso aber zielt er darauf, wirtschaftliches Handeln und Religion in Verantwortung für die Gestaltung von Gegenwart und Zukunft zu begreifen. Die Studie Webers über die religiösen Wurzeln des Kapitalismus ist das Paradebeispiel einer gegenwartsorientierten Geschichtsdeutung. In ihr verbinden sich historische Analyse und ethische Reflexion.

1 Der ethische Sinn der Geschichtsdeutung

Im weiteren Zusammenhang von Webers *Protestantischer Ethik* steht die Frage, wie Geschichte gemacht wird, welches die bewegenden Kräfte geschichtlicher Entwicklung sind. Diese Frage wurde zur Zeit Webers vor allem durch die Auseinandersetzung mit sozialistischen und materialistischen Theorien bestimmt, die in dem ökonomischen Geschehen die Grundkraft der Historie sahen. Ideen, seien sie religiös oder wie auch immer weltanschaulich bestimmt, erscheinen in der materialistischen Geschichtssicht als den ökonomischen Grundgewalten folgende, sekundäre Kräfte. Es war Webers ausdrückliches Anliegen, mit seiner *Protestantischen Ethik* der materialistischen Geschichtsauffassung zu widersprechen und aufzuweisen, dass Ideen auf die Geschichte einen entscheidenden Einfluss haben. Dabei hat Weber die Bedeutung des ökonomischen Einflusses auf die Geschichtsentwicklung durchaus nicht geleugnet. Weber schreibt ausdrücklich, es könne «natürlich nicht die Absicht sein, an die Stelle einer einseitig ‹materialistischen› eine einseitig spiritualistische Kultur- und Geschichtsdeutung zu setzen. Beide sind gleich möglich» (205). Geschichte ist ein komplexes Geschehen, dass sich nicht monokausal verstehen lässt. Deshalb erhebt Weber auch mit seiner Studie keinesfalls den Anspruch, die Entstehung des Kapitalismus durch Rekurs auf seine religiösen Wurzeln vollständig erklären zu wollen. Er erklärt, «es soll nur festgestellt werden, ob und wieweit religiöse Einflüsse bei der qualitativen Prägung und quantitativen Expansion jenes ‹Geistes› über die Welt hin mitbeteiligt gewesen sind und welche konkreten Seiten der auf kapitalistischer Basis ruhenden *Kultur* auf sie zurückgehen» (83).

Diese Selbstbegrenzung im Blick auf den Anspruch von Webers Untersuchung ist ernst zu nehmen. Freilich zeichnet sich hinter diesem präzisen und begrenzten Erkenntnisinteresse der Studie ein umfänglicheres Thema ab. Dieses Thema wird hier als der weite Kontext der Fragestellung Webers angesprochen, weil die Auseinandersetzung mit dem materialistischen Geschichtsdenken zugleich für die umfassendere Frage nach den Steuerungsmöglichkeiten von Geschichte und Gesellschaft steht: Welche Rolle spielen religiöse, geistige und seelische Bildung für die Gestaltung der Lebensverhältnisse? Man wird nicht umhin können, darin eine der ethischen Grundfragen zu erblicken.

Wenn aber Webers Untersuchung der religiösen Wurzeln des modernen Kapitalismus zugleich in einem gegen den Materialismus gerichteten Interesse verläuft, den geistigen und religiösen Orientierungen einen steuernden Einfluss auf die Lebensverhältnisse zuzuschreiben, dann muss auch danach gefragt werden, wie das denn überhaupt möglich sein soll. Genau das ist Webers Interesse, zu zeigen, *wie* religiöse Vorstellungen und Motive in den Bereich wirtschaftlicher Rationalität tatsächlich eindringen und ihn durchdringen. Erst wenn die Frage solcher Berührungspunkte der doch so ganz unterschiedlichen Bereiche von Religion und Wirtschaft historisch und systematisch geklärt ist, lässt sich auch sinnvoll erörtern, wie Ideen die scheinbar so übermächtigen wirtschaftlichen Verhältnisse verändern können.

Auch wenn Max Webers *Protestantische Ethik* also ein Beitrag zum historischen Verständnis der Entstehung der modernen Wirtschaft sein will, vertritt er zugleich eine Ethik-Konzeption, die zunächst einen Vorrang des Verstehens behauptet. Nur wenn wir hinreichend verstehen, wie Religion und Wirtschaft zusammenhängen, können wir auch sinnvolle und Erfolg versprechende Überlegungen anstellen, wie die religiöse Ethik auf die Wirtschaft einwirken kann. Später wird Max Weber dies als eine *Verantwortungsethik* bezeichnen, die er einer nur den moralischen Prinzipien verpflichteten *Gesinnungsethik* gegenüber stellt.[3] Bleibt der tatsächliche Zusammenhang zwischen Religion und Wirtschaft unerörtert, treffen sie nur als zwei gleichsam völlig fremde Welten

---

3 Max Weber: Politik als Beruf, in: ders: Wissenschaft als Beruf (1917/1919)/Politik als Beruf (1919), hrsg. von Wolfgang J. Mommsen/Wolfgang Schluchter in Zusammenarbeit mit Birgitt Morgenbrod, Tübingen 1992 (Max Weber Gesamtausgabe, Band I/17), S. 157–252.

aufeinander, dann kommt es zu jener Schieflage, unter der das Gespräch von Religion und Wirtschaft allzu oft leidet: dass nämlich die Religion lediglich als sachfremder moralischer Appell erscheint. Die eingangs zitierte Schweizer Diskussion ist ein Beispiel dafür.

2 Die Bedeutung des Protestantismus für die Entstehung des Kapitalismus. Die historischen und ethischen Aspekte der Weber-These

Max Webers *Protestantische Ethik* erschien erstmals in den Jahren 1904/05. Um die Leistung Webers und ihre aktuelle Bedeutung aufzeigen zu können, soll im Folgenden etwas ausgeholt werden und nicht nur über Weber, sondern über die Debatte um die Bedeutung der Religion für die moderne Wirtschaft gesprochen werden, die in den Jahren um 1900 sehr lebendig war. Indem Webers Leistung in diesen Rahmen hineingestellt wird, lässt sich seine These besser verstehen. Zudem ist es wichtig, wahrzunehmen, dass die berühmte Weber-These nicht die exzentrische Idee eines überspannten liberalen Kulturprotestanten des deutschen Kaiserreichs darstellt. Sie steht vielmehr im Kontext einer Debatte der besten – und durchaus nicht nur protestantischen – Gelehrten aus Nationalökonomie, Geschichtswissenschaft, Philosophie und Theologie der Zeit.

Drei Argumentationsschritte sollen herausgearbeitet werden: Erstens geht es um die Entdeckung eines religiösen Einflusses auf die Entstehung des modernen Kapitalismus. Es muss zunächst einmal überhaupt die Idee gefasst werden, *dass* es einen solchen ursächlichen Zusammenhang zwischen bestimmten Religionsformen und der Entstehung des Kapitalismus gibt, das ist ja durchaus nicht selbstverständlich. Wie zu zeigen ist, kann Weber hier auf Einsichten der zeitgenössischen Nationalökonomie zurückgreifen. Dies ist der genealogische Aspekt von Webers These. Weiter gilt es herauszuarbeiten, *wie* sich religiöse Überzeugung und wirtschaftliches Handeln verbinden. Für Weber ist es ganz entscheidend, dass diese Einwirkung der Religion am Ort des individuellen Subjekts statt hat. Die protestantische Frömmigkeit ist eine prägende Kraft der individuellen *Lebensführung* – so der zentrale Terminus Webers. Dieser individualitätstheoretische Aspekt schliesst sich der kulturphilosophischen Debatte seiner Zeit an. Schliesslich kommt die Bedeutung konfessioneller Differenzen in den Blick. Die Art rationaler Lebensführung, welche sich für die Entstehung des modernen Kapitalismus als förderlich erwiesen hat, ist ja nicht einfach von *der* Religion geprägt, nicht einmal von *dem* Protestantismus. Vielmehr arbeitet Weber heraus, dass es eine spezifische Gestalt des Protestantismus, der sogenannte *asketische Protestantismus* ist, der in dieser Weise wirksam wurde. Für diesen konfessionstheoretischen Aspekt konnte sich Weber auf Vorarbeiten aus der Theologie stützen.[4]

2.1 Der Entdeckungszusammenhang: Calvinismus und Kapitalismus

Wie fand Weber nun den engeren Zusammenhang, denjenigen zwischen moderner Wirtschaftsform und religiöser Tradition? Die Antwort ist überraschend einfach: Er fand dies, indem er die empirische Wirklichkeit wahrnahm. Der Entdeckungszusammenhang ist schlicht und einfach ein empirischer. Die *Protestantische Ethik* beginnt wie folgt: «Ein Blick in die Berufsstatistik eines konfessionell gemischten Landes pflegt mit auffallender Häufigkeit eine Erscheinung zu zeigen, welche mehrfach in der katholischen Presse und Literatur und auf den Katholikentagen Deutschlands lebhaft erörtert worden ist: den ganz vorwiegend protestantischen Charakter des Kapitalbesitzes und Unternehmertums» (18). Dieser Zusammenhang zwischen Konfession und Kapitalbesitz ist, wie Weber hier ganz offen sagt, nicht seine Entdeckung, sondern eine relativ offen liegende soziale Realität seiner Zeit.

---

4 Die folgenden Ausführungen sind auf die wesentlichen Grundzüge beschränkt. Für eine ausführlichere Darlegung sowie Hinweise auf Quellen und Forschungsliteratur s. Friedemann Voigt: Vorbilder und Gegenbilder. Zur Konzeptualisierung der Kulturbedeutung der Religion bei Eberhard Gothein, Werner Sombart, Georg Simmel, Georg Jellinek, Max Weber und Ernst Troeltsch, in: Wolfgang Schluchter/Friedrich Wilhelm Graf (Hrsg.): Asketischer Protestantismus und der ‹Geist› des modernen Kapitalismus. Max Weber und Ernst Troeltsch, Tübingen 2005, S. 155–184.

Schaute man sich die Zahlen nun genauer an, ergab sich zudem eine auffallende Korrelation zwischen *calvinistisch* geprägten protestantischen Gegenden und prosperierendem Unternehmertum. Weber ist auch nicht der erste, dem dieser Zusammenhang ins Auge fiel. Nicht ihm, sondern dem Nationalökonom Eberhard Gothein und seiner voluminösen *Wirtschaftsgeschichte des Schwarzwaldes* aus dem Jahr 1892 kommt für die Debatte zur Affinität von Calvinismus und Kapitalismus die Ehre des Entdeckers zu.[5] Weber weist in der *Protestantischen Ethik* auch ausdrücklich auf Gothein hin (27).

Die Einsicht in die calvinistische Diaspora als *Pflanzschule der Kapitalwirtschaft*, so die berühmte Formulierung Gotheins,[6] ist bei diesem aber noch weniger in der Frömmigkeit als in der sozialen Situation der Calvinisten begründet: Als Einwanderer aus Holland in den deutschen Südwesten gekommen besassen sie nicht nur ein im Kolonialhandel geschärftes Wirtschaftswissen, sondern waren zudem in einer schwierigen sozialen Lage. Gothein weist immer wieder auf die misslingende Integration der Einwanderer in die neue Umgebung hin. Er beschreibt die Vorbehalte, die *Fremden* könnten in besonderer Weise von den wirtschaftlichen Reformen profitieren. Gerade diese soziale Sonderstellung der Diaspora entband nach Gothein eine eigentümliche, wirtschaftlich förderliche Potenz. Die soziale Isolierung aus nationalen und religiösen Motiven habe den Handelsgeist der Einwanderer angespornt. In diesen Überlegungen Gotheins kommt die calvinistische Diaspora also vorwiegend als soziale Konstellation und nur beiläufig als religiöse Disposition in den Blick. Nicht eine in bestimmter Weise qualifizierte Frömmigkeit bestimmt den Geist des Handelns, sondern die abweichende Konfession ist vielmehr ein verstärkendes Moment der Fremdheit, die ein bestimmendes psychologisches Motiv für den *Handelsgeist* ist.

Von dem Zusammenhang von Calvinismus und Kapitalismus ist bei Gothein noch in einer weiteren Hinsicht die Rede, und zwar wenn es um die reformierte Geschäftsmoral geht. Ordnungs-

---

5 Eberhard Gothein: Wirtschaftsgeschichte des Schwarzwaldes und der angrenzenden Landschaften. Erster Band: Städte- und Gewerbegeschichte, Strassburg 1892.
6 Ebd., S. 674.

sinn und Disziplin des Calvinismus werden hier als wirtschafts-förderliche Tugenden benannt. Dazu weist Gothein mehrfach auf den engen Zusammenhang von politischer und kirchlicher Ordnung bei den Reformierten hin. Der Calvinismus war nicht nur ein religiöses, sondern auch ein politisches Prinzip. Die Kontrolle und der Zwang, die in den reformierten Gemeinwesen ausgeübt wurden, verbürgten also das Einhalten des strengen Tugendkatalogs. Über diese recht stereotype Phänomenologie der Reformierten gehen Gotheins Überlegungen nicht hinaus.

An dieser Stelle wird Weber sich deutlich von Gothein unterscheiden: Er betont nämlich nicht den äusseren Zwang, sondern erkennt vielmehr die innere Verpflichtung, das Gewissen, als entscheidenden Zusammenhang von calvinistischer Frömmigkeit und kapitalistischer Gesinnung. Damit geht bei Weber, wie wir sehen werden, eine ethische Aufwertung des Wirtschaftshandelns einher.

Starken Einfluss hatte Gothein auf das grosse Werk eines weiteren Nationalökonomen: Werner Sombarts *Der moderne Kapitalismus* von 1902. So hoch auch die Leistung und Eigenständigkeit von Werner Sombarts *Modernem Kapitalismus* zu veranschlagen ist – bezüglich des Verhältnisses von Religion und moderner Wirtschaft muss von einer deutlichen Abhängigkeit von Gothein die Rede sein. Sombart hat im *Modernen Kapitalismus* ausdrücklich auf Gotheins Schwarzwald-Studie verwiesen.[7] Seine Ausführungen zur *Genesis des kapitalistischen Geistes* lehnen sich bis in einzelne Formulierungen eng an Gothein an. Sombart hält den Einfluss des Protestantismus, insbesondere von Calvinismus und Quäkertum, auf den Kapitalismus für eine «zu bekannte Thatsache, als daß sie des weiteren begründet zu werden brauchte.»[8] Doch zugleich hält Sombart es für unzulänglich, die Entstehung des Kapitalismus auf eine bestimmte Religionsgemeinschaft zurückzuführen. Er ist deshalb bemüht, den Kausalnachweis zu führen, der Protestantismus sei erst *Wirkung* und nicht *Ursache* des kapitalistischen Geistes. Der mit dem Sozialismus sympathisierende Sombart neigt also zu einer *materialis-*

---

7 Werner Sombart: Der moderne Kapitalismus. Erster Band. Die Genesis des Kapitalismus, Leipzig 1902, S. 381.
8 A.a.O., S. 380f.

tischen Theorie. Doch kommt es im Verlaufe seiner Darlegung zu der von Sombarts Kritikern immer wieder – und zu Recht – bemängelten Gleichsetzung von puritanischem Protestantismus und Judentum. Denn in Sombarts Versuch einer historischen Beweisführung für seine These sind es Juden und nicht Calvinisten, welche er als die Stadt- bzw. *Stammesfremden* benennt, die sich ihre soziale Stellung wirtschaftlich zu Nutze machten. Das ist die berühmt-berüchtigte Puritanismus/Judaismus-These Sombarts. Sombart bringt dabei für die Psychogenese des Kapitalismus eine Ressentiment-Struktur in Anschlag. Die wirtschaftlichen Anstrengungen dienten angeblich zur Kompensation sozialer Unterprivilegierung, die Religion wirkt hierbei lediglich verstärkend. Weiter setzt Sombart die Bedeutung des religiösen Einflusses herab, indem er diese sozial-religiöse Konstellation lediglich für das *Entstehen* des Erwerbstriebes in Betracht zieht. Für die volle Entfaltung der kapitalistischen Willensverfassung macht er hingegen die spezifische rechnerische ökonomische Rationalität namhaft.

Weber konnte also für seine Studie zur Beziehung zwischen einem bestimmten Typus protestantischer Frömmigkeit und dem modernen Kapitalismus auf eine breitere volkswirtschaftliche Forschung zurückgreifen. Aber er fand die dort gegebene Erläuterung der Art und Weise des Zusammenhangs unbefriedigend. Vor allem die Reduktion der Religion auf ein lediglich soziales Merkmal einer Gruppe musste für den in einem liberalen bürgerlichen Protestantismus gross gewordenen Weber unplausibel erscheinen. Er hatte dort vielmehr die Frömmigkeit als eine die individuelle Persönlichkeit tief prägende Kraft erlebt und auch theologisch begreifen gelernt.[9]

2.2 Die Bedeutung der Persönlichkeit: Religion als Modernisierungskraft

Zu der Frage nach der Bedeutung der Religion für den Einzelnen kommt als ein zentrales Motiv die zeitdiagnostische Fragestellung: In der Philosophie, Kunst und Religion wurde um 1900

9 Zur biographischen Dimension der Studie s. Hartmut Lehmann: Max Webers «Protestantische Ethik» als Selbstzeugnis, in: ders.: Max Webers «Protestantische Ethik». Beiträge aus der Sicht eines Historikers, Göttingen 1996, S. 109–127.

vielfach auf die für den Einzelnen geradezu erdrückenden Erfahrungen des modernen Kapitalismus verwiesen. In diesen Deutungen erscheint der moderne Individualismus nur noch als eine der religiösen Substanz verlustig gegangene Hülle ehedem substantiell religiöser Individualität. Auch Weber teilte diese Auffassung, dass die persönliche Frömmigkeit von den modernen Lebensmächten nahezu zur Wirkungslosigkeit verurteilt worden ist. Aber er war auch der Meinung, dass dies zu anderen Zeiten anders war. Der moderne Mensch, so Weber in der *Protestantischen Ethik*, sei heute nicht mehr in der Lage, «sich die Bedeutung, welche religiöse Bewusstseinsinhalte auf die Lebensführung, die Kultur und die Volkscharaktere gehabt haben, so groß vorzustellen, wie sie tatsächlich gewesen sind» (205).

Und jetzt kommt die entscheidende, ja geradezu geniale Einsicht der Kulturtheorien um 1900 zum Tragen: Obwohl in ihrem Wesen so verschieden, stehen der religiöse und der moderne Individualismus in einem historischen Kausalverhältnis. Besonders deutlich lässt sich dies an dem Berliner Kulturphilosophen Georg Simmel zeigen, auf den auch Weber in seiner *Protestantischen Ethik* verweist (34). In seiner *Philosophie des Geldes* (1900/1907) hatte Simmel sich der Beschreibung und Analyse des Prozesses gewidmet, den er als Auseinandertreten der *Kultur der Dinge* und der *Kultur der Menschen*, der *sachlichen* und *persönlichen* Kultur beschrieb. Sei die Idee der Kultur der *Weg der Seele zu sich selbst*, verkehre die moderne Kultur diese Idee in eine zunehmende Anpassung der Seele an die sachlichen Strukturen. Simmel beschreibt diese Entpersönlichung als Folge eines Säkularisierungsprozesses: Das Christentum habe den Gedanken vom unendlichen Wert der Menschenseele vertreten. Die unmittelbare persönliche Gottesbeziehung des Frommen und die daraus folgende Heiligung der Persönlichkeit bilden das Wesen der Religion. Nun gerät diese personalistische Frömmigkeit unter den zunehmenden Druck der sachlichen Kultur. Die Vorstellung eines absoluten Endzweckes (Gott), zu dem ein unmittelbares Verhältnis herzustellen ist, wird in einer Kultur der Dinge, die als eine Kette von Mitteln erscheinen, unplausibel. In dem von der sachlichen Kultur erzeugten metaphysischen Vakuum wird schliesslich das Geld als das *Mittel schlechthin* an die Stelle des göttlichen Endzweckes gesetzt.[10]

Dieser Paradigmenwechsel von Gott zu Geld hat sodann Folgen für die Lebensführung: Hatte die Vorstellung eines göttlichen Endzweckes einen stabilen Wertekosmos verbürgt, in dessen Zentrum die Person als Wert verwirklichendes Subjekt stand, tritt unter den Bedingungen der verweltlichten sachlichen Kultur nach Simmel der *Lebensstil* an die Stelle überindividuell gültiger, objektiver Zweckbestimmungen. Der Lebensstil soll nun zwischen der objektiven Kultur und dem Individuum vermitteln. Er ist Medium und Ausdruck des modernen *Relativismus* von Subjekt und Kultur, «gleichsam ein unendlicher Prozeß zwischen dem Inneren und dem Äußeren».[11]

In Simmels *Philosophie des Geldes* ist also die Entstehung des modernen Kapitalismus in einen Säkularisierungsprozess eingezeichnet, in dem die *Tragödie der Kultur* das Drama des Individuums ist, das sich im Bedürfnis nach Individualität von einem kirchlichen Christentum abwendet und, statt ein Mehr an Individualität zu gewinnen, in der neuen Kultur der Dinge sich selbst zu verlieren droht. Denn das Individuationsbedürfnis hat selbst religiöse Gründe, ja es kann gesagt werden, dass die Religion für Simmel letztlich in der Individuationsfunktion besteht: Als reinste Form des Glaubens gilt Simmel jene «völlige Einzigkeit des Einzelnen, der seinem Gott gegenübersteht», das «Heil der Seele», die von allem befreit ist, das ihrer Individualität fremd ist. Simmel nennt den Prozess, in dem versucht wird, die Individualität schützende und fördernde Institutionen zu errichten, die «Tragödie des Reiches Gottes».[12]

So gesehen ist der Lebensstil des kapitalistischen Berufsmenschen gewissermassen ein Schutzmantel, den sich das Individuum in der modernen Kultur überzieht. Aber es ist nur noch eine Hülle, was ehedem substantielle, religiös motivierte Lebensführung war.

---

10 Georg Simmel: Philosophie des Geldes, hrsg. von David P. Frisby/ Klaus Christian Köhnke, Frankfurt 1989 (Georg Simmel Gesamtausgabe, Band 6), S. 292–337.

11 Für Simmels Theorie des Lebensstils s. a.a.O., S. 591–716.

12 Vgl. dazu Friedemann Voigt: «Die Tragödie des Reiches Gottes»? Ernst Troeltsch als Leser Georg Simmels, Gütersloh 1998 (Troeltsch-Studien, Band 10).

Wesentlich präziser als Gothein und Sombart bringt Simmel dabei den Zusammenhang von Kapitalismus, modernem Individualismus und Religion zur Geltung. Gothein und Sombart haben, wie gezeigt, die Religion nur als sekundäre Kraft eingestuft, welche die eigentlich ökonomisch relevanten sozialen Konstellationen lediglich verstärkt. Simmel hingegen räumt der Religion aus ihr eigenen Motiven eine solche die moderne Kultur und Wirtschaftsweise fördernde Wirkung ein. Schon bei Simmel macht sich freilich ein anderer wichtiger Aspekt geltend: Das individuelle religiöse Freiheitsinteresse, das er nennt, zeitigt zwar massive kulturelle Wirkungen, doch es sind durchaus andere als von ihm beabsichtigt, sie führen nämlich in eine Kultur, die aufgrund ihrer Sachlichkeit die Person ständig bedroht und abzuschaffen bestrebt ist. Was bleibt, ist die Berufsarbeit des Fachmenschen als ein säkularer Gottesdienst, der zugleich ein unglückliches Bewusstsein produziert, weil der religiösen Individualitätssehnsucht so nicht entsprochen wird.

Zwar spricht Simmel in seiner *Philosophie des Geldes* von Religion ganz allgemein. Er zieht die Thesen zu den konfessionellen Identitäten kaum in Betracht, die eine besondere Affinität von reformierter Frömmigkeit und kapitalistischer Gesinnung behauptet haben. Aber dabei folgt er doch einem durchaus protestantischen Religionsverständnis, genauer: einem spezifischen Verständnis von Religion, wie es für den Kulturprotestantismus der Zeit um 1900 charakteristisch war. Die dort zu findende Betonung der *Persönlichkeit* und des für sie konstitutiven Gedankens individueller religiöser Freiheit hat besonders der Berliner Hofprediger Adolf von Harnack, eine Zentralgestalt des Kulturprotestantismus, auf den Begriff gebracht. Er sprach diesbezüglich von dem im persönlichen Gottesverhältnis verankerten *unendlichen Wert der Menschenseele*.[13] Simmel, ein Hörer von Harnacks berühmten Vorlesungen über *Das Wesen des Christentums*, orientierte sich durchaus an diesen Beschreibungen, freilich zog er ganz andere Schlussfolgerungen daraus als die Kulturprotestanten. Denn wie gezeigt demonstrierte er, welche selbstdestruktiven Folgen diese Religiosität hat. In dieser Beziehung ist Simmel ein

---

13 Adolf von Harnack: Das Wesen des Christentums, hrsg. von Trutz Rendtorff, Gütersloh 1999.

Vorläufer der theologischen Kritiker des Kulturprotestantismus im 20. Jahrhundert.

Kommen wir auf die Beziehung zu Webers *Protestantischer Ethik* zurück: Bemerkenswert ist, dass auch Simmel seine *Philosophie des Geldes* schrieb, um «dem historischen Materialismus ein Stockwerk unterzubauen», wie er formulierte. Er wollte, dass «jene wirtschaftlichen Formen selbst als das Ergebnis tieferer Wertungen und Strömungen psychologischer, ja metaphysischer Voraussetzungen erkannt werden.»[14] Im Blick auf die eigene Gegenwart jedoch diagnostiziert auch Simmel, dass der Kapitalismus sich von seiner eigenen *metaphysischen* Herkunft völlig abgelöst hat. So endet seine Kulturphilosophie auch in einer weltflüchtigen Perspektive: Die Sachlichkeit der modernen Kultur marginalisiert den Einfluss persönlicher Interessen immer weiter. Es gilt, diese Kultur der Persönlichkeit in letzten Refugien vor dem Zugriff der Sachwelt zu bewahren. Simmel sieht dafür vor allem die Kunst geeignet sowie eine modern-mystische, ganz auf das Selbsterleben fokussierte Religiosität.

2.3 Der Kapitalismus als unbeabsichtigte Nebenfolge. Das Psychogramm reformierter Frömmigkeit

Gehen wir nun zu Max Webers berühmter Protestantismus-These über, werden wir sehen, dass er Simmel zwar in der individualitätstheoretischen Zuspitzung des Zusammenhangs von Religion und Kapitalismus ebenso zustimmte wie in dem materialismuskritischen Erkenntnisinteresse. Zugleich jedoch erkannte Weber, dass Simmel mit seiner allgemeinen Rede von Religion Einsichten verspielte, die bei Gothein und Sombart im Herausstellen der Bedeutung konfessioneller Differenzen angelegt waren. Allerdings kümmerten sich weder Gothein noch Sombart um die innere Beschaffenheit der reformierten Religiosität, sondern nahmen sie lediglich als soziales Unterscheidungsmerkmal in den Blick.

Hier setzt nun Max Weber an. Er dringt in das religiöse Innenleben der reformierten Frömmigkeit ein. Seine Untersuchungen zur lutherischen und reformierten Mentalität sowie die Darlegung der Innerweltlichkeit des asketischen Protestantismus be-

14 Simmel, Philosophie des Geldes, S. 13.

deuten einen qualitativen Sprung in der Begründung des genea-
logischen Zusammenhangs zwischen Protestantismus und modernem Kapitalismus. Ähnlich Simmel verlegt auch Weber den
kulturbedeutsamen Aspekt des Protestantismus in die subjektive
Frömmigkeit selbst. Religion wird als eine Lebensmacht aufgefasst, die aus *eigenen* Gründen und Motiven handlungswirksame
Folgen hat.

Weber begab sich bei dieser inneren Erkundung des Protestantismus auf das Gebiet der Theologie. Vor allem in den Arbeiten
der in Bern lehrenden Kirchenhistoriker Matthias Schneckenburger (1804–1848) und Karl Bernhard Hundeshagen (1810–1872)
konnte er ausführlich den Zusammenhang von frommen Gemüts-
zuständen, religiöser Lehre und Lebensführung im Kontrast von
Luthertum und Calvinismus dargestellt finden.[15] Weber gewann
dort ganz entscheidende Einsichten in die *aktiven*, weltgestalten-
den Züge des Calvinismus gegenüber den *passiven*, welterleiden-
den Tendenzen des Luthertums. Die *Protestantische Ethik* ist von
dieser Typologie durchzogen: Luther ist zwar die Aufwertung des
weltlichen *Berufs* zu verdanken (während der Katholizismus den
geistlichen Beruf als den wahren Ort gottgefälligen Lebens angesehen hat, dem der weltliche Beruf nachrangig untergeordnet ist).
Aber das *Luthertum* ist nach Webers Darstellung in einer tradi-
tionalen Frömmigkeit gefangen, die dazu neigt, sich gegebenen
Lebensumständen und Autoritäten anzupassen. Hingegen ist der
Calvinismus, besonders in seinen angloamerikanischen Varianten,
diejenige Gestalt protestantischer Frömmigkeit, die durch aktive
Betätigung weltgestaltende, modernisierende Folgen zeitigt.

15 Matthias Schneckenburger: Vergleichende Darstellung des lutherischen und reformierten Lehrbegriffs, hrsg. von Eduard Güder, Stuttgart 1885; ders.: Vorlesungen über den Lehrbegriff der kleineren
protestantischen Kirchenparteien, hrsg. von Karl Bernhard Hundeshagen, Frankfurt am Main 1863; Karl Bernhard Hundeshagen:
Beiträge zur Verfassungsgeschichte und Kirchenpolitik insbesondere
des Protestantismus, Wiesbaden 1884. Vgl. dazu Friedrich Wilhelm
Graf: Die «kompetentesten» Gesprächspartner? Implizite theologische Werturteile in Max Webers «Protestantischer Ethik», in: Volk-
hard Krech/Hartmann Tyrell (Hrsg.): Religionssoziologie um 1900,
Würzburg 1995, S. 209–248.

Die Ergründung dieser konfessionellen Unterschiede führt Weber auf das reformierte Prädestinationsdogma mit seiner Lehre von der doppelten Gnadenwahl zurück. Vereinfacht gesprochen meint dies die Vorstellung, dass jeder Mensch aufgrund eines ewigen göttlichen Ratschlusses von vorneherein zu ewiger Seligkeit oder Verdammnis bestimmt ist. Wenn dies aber ein ewiger göttlicher, vom Menschen also nicht zu verändernder Ratschluss ist, erscheint es dann nicht ganz unwahrscheinlich, dass diese Lehre von der Vorherbestimmung handlungs*steigernd* wirken soll? Aber Weber erkennt, dass diese strenge Prädestinationsvorstellung die Ursache einer tiefen *Heilsunsicherheit* des Frommen ist, der sich darum sorgt, wie sein ewiges Schicksal aussehen mag. Auf der Suche nach Bestätigung des eigenen Heilsstandes wird diese Unsicherheit nun in Aktivismus umgewandelt. Es erscheint der eigentümliche Gedanke, dass man aus dem gegenwärtigen beruflichen Erfolg auf das künftige Ergehen schliessen kann. Wer also in seinem Beruf erfolgreich ist, hat einen Anhalt dafür, dass es ihm auch ewig wohl ergehen wird. Dieser Gedanke setzt nun eine Kausalkette in Gang: Im Bedürfnis, dem unerträglichen Zustand der Heilsunsicherheit zu entkommen, richtet sich die Aufmerksamkeit auf den Beruf. Der Erfolg dort wird als Zeichen des ewigen Schicksals gewertet. So richten sich alle Konzentration und aller Eifer auf die berufliche Tätigkeit, sämtliche andere Lebensbereiche treten hinter der Berufsarbeit zurück und werden letztlich als Mittel zu diesem Zweck angesehen. Zum Beispiel wird wirtschaftlicher Erfolg nicht dazu genutzt, diesen Erfolg durch Konsum zu geniessen, sondern erwirtschafteter Gewinn wird in das Unternehmen reinvestiert; die berufliche Arbeit ist nicht die Voraussetzung von Freizeit, sondern die möglichst knapp bemessene Freizeit dient nur dazu, im Beruf umso mehr leisten zu können. So entsteht eine hoch kontrollierte innerweltliche Askese, die zugleich ganz und gar weltliche Folgen hat, nämlich eine hochgradige Rationalisierung der Lebensführung im Dienste beruflichen Erfolges.

Es ist zugleich eine sehr individualistische Frömmigkeit, die Weber hier beschreibt, denn es geht zutiefst um das je eigene ewige Schicksal. Die so begründete Wirkung der Religion auf die Kultur- und speziell Wirtschaftsgeschichte aufgezeigt zu haben, ist die besondere Leistung Webers: Sie liegt in dem Psychogramm des über seinen Heilsstand unsicheren, vereinsamten calvinistischen Frommen, dessen religiös motivierte Lebensführung in einer anderen Kultursphäre produktiv wird und dort die kapitalistischen Unternehmungen mit dem Geist rastloser Tätigkeit und unbedingten Einsatzes ausstattet, kraft derer sie sich vom wirtschaftlichen Traditionalismus emanzipierten.

Diese Konstruktion Webers impliziert ausserdem eine Annahme, die für das Bild sowohl des modernen Kapitalismus wie der Religion folgenreich ist. Die seelische Seite des wirtschaftlichen Handelns wird bei Weber als eine aus dem Innern des handelnden Subjekts kommende, «ethisch gefärbte Maxime der Lebensführung» aufgefasst (33). Weber distanziert damit alle jene Theorien von Abenteurergeist und Hedonismus, aber auch von der Ressentimentstruktur wirtschaftlichen Gewinnstrebens und von der allein äusserlichen, durch Kirchenzucht erzwungenen Disziplin sittlichen Handelns. Er wertet damit das wirtschaftliche Handeln auf.

Aber nicht nur die Wirtschaft, auch die Religion ist von dieser ethischen Nobilitierung betroffen. Bei Weber wird Religion als Lebensmacht aufgefasst, die innengeleitetes ethisches Handeln ermöglicht. Natürlich weiss auch Weber um den Zwangscharakter kirchlicher Kontrolle und deren Einfluss auf wirtschaftlich förderliche Sekundärtugenden wie etwa Genauigkeit und Pünktlichkeit.[16] Doch schafft eben erst die innere Verpflichtung des frommen Einzelnen die Basis für die Wirksamkeit äusseren Drucks. Diese innere Verpflichtung und Motivation ist es, die der Religion das Profil gibt, welches ihre Kulturbedeutsamkeit plausibel macht.

Wir haben damit Max Webers berühmte Protestantismus-These mit einiger Klarheit vor Augen. Es sei auch nochmals betont, dass diese These nicht in der plumpen Weise missverstanden werden darf, als sei die kapitalistische Wirtschaftsform aus dem Protestantismus entstanden. Weber behauptet lediglich, dass die religiöse Motivationsbasis des asketischen Protestantismus einen ent-

---

16 Diese Aspekte arbeitet Weber in seiner Soziologie der *Sekte* heraus, s. Max Weber: Die protestantischen Sekten und der Geist des Kapitalismus, in: ders.: Gesammelte Aufsätze zur Religionssoziologie I, Tübingen 1988⁹, S. 207–236.

scheidenden Faktor für das Entstehen rationaler Lebensführung bedeutet hat. Diese rationale Lebensführung konnte dann freilich diese ungeheuren Folgen entbinden, weil zugleich Entwicklungen in Betriebs- und Volkswirtschaft, neue technische Möglichkeiten und soziale Veränderungen ein Amalgam eingingen, aus dem im 17. und 18. Jahrhundert eine der gewaltigsten Lebensmächte der modernen Welt entstand. Webers These ist also keine monokausale Herleitung des Kapitalismus, sondern ein sehr filigraner Aufweis der Bedeutung, welche die religiöse Innenseite rationaler Lebensführung zu einem bestimmten historischen Zeitpunkt besessen hat.

Gleichwohl hat Weber natürlich auch gefragt, wie es denn um die Bedeutung der Religion im Wirtschaftsleben seiner eigenen Zeit steht. Die Korrelation von asketischem Protestantismus und kapitalistischer Gesinnung hatte nach Weber schon für seine Zeit um 1900 keine besondere Signifikanz mehr. Diese religiös imprägnierte Lebensauffassung, so schreibt Weber, «stand an der Wiege des modernen Wirtschaftsmenschen» (195). Inzwischen aber sei diese religiöse Dimension praktisch verschwunden. Der Kapitalismus ist für Weber gleichsam entseelt. Ähnlich Simmel sieht er ihn zu einer das Individuum bedrohenden Kraft geworden. Webers Schilderungen dieses Vorgangs sind wegen ihrer Ausdruckskraft und ihres Pathos berühmt geworden. Ein längeres Zitat mag dies illustrieren: «Indem die Askese die Welt umzubauen und in der Welt sich auszuwirken unternahm, gewannen die äußeren Güter dieser Welt zunehmende und schließlich unentrinnbare Macht über den Menschen, wie niemals zuvor in der Geschichte. Heute ist ihr Geist – ob endgültig, wer weiß es? – aus diesem Gehäuse entwichen. Der siegreiche Kapitalismus jedenfalls bedarf seit er auf mechanischen Grundlagen ruht, dieser Stütze nicht mehr [...] Der Puritaner wollte Berufsmensch sein – wir müssen es» (203). Und deshalb mit Nietzsche die Warnung vor dem Zeitgeist: «Fachmenschen ohne Geist, Genussmenschen ohne Herz: Dieses Nichts bildet sich ein, eine nie vorher erreichte Stufe des Menschentums erstiegen zu haben» (204).

Hier ist eine deutliche Nähe zur Gegenwartsdiagnose Georg Simmels zu entdecken. Freilich zeigen sich bei näherer Betrachtung auch grosse Unterschiede zwischen beiden, die geeignet sind, Webers Gegenwartserwartungen an die Religion, genauer den

Protestantismus, im Zeitalter einer sachlichen Kultur zu umreissen. Die entscheidende Differenz zu Simmel liegt bei Weber in der Verankerung der modernitätsförderlichen asketischen Selbstverpflichtung im reformierten Prädestinationsdogma. Diese Unsicherheit über das ewige Schicksal ist der Antrieb der Askese. Zudem, das ist sehr wichtig, sind die kulturellen Veränderungen, die sich aus dieser religiösen Motivationslage ergeben, ja keineswegs intendiert. Der wirtschaftliche Erfolg stellt sich nur als unbeabsichtigter Nebenzweck des eigentlich angestrebten Zwecks dar, der in der Erkenntnis über die eigene Vorherbestimmung besteht. So ergibt sich eine eigentümliche Kompatibilität des religiösen Individualismus des Heilsinteresses und des modernen Individualismus des Gewinnstrebens. Simmel hingegen hatte eine durchaus direkte Verbindung von religiösem und modernem Individualismus konstruiert, indem er das religiöse Freiheitsstreben zu einem (nicht dem einzigen) Antrieb der kulturellen Umwälzungen erklärt hatte. Bei Simmel sind die kulturellen Veränderungen, anders als bei Weber, also gleichsam vom religiösen Handeln beabsichtigt. Erst in ihren Folgen entsprechen sie nicht mehr der ursprünglichen Intention, denn statt einem Mehr an Freiheit führen sie in die Zwänge der modernen Sachlichkeit. Für Simmel verband sich mit dieser Auffassung deshalb zugleich die Auffassung, dass die Religion in ihrer überlieferten christlichen Gestalt gescheitert sei. Max Weber votiert hier anders: Indem er den religiösen Beitrag zur Entstehung des modernen Kapitalismus in der altprotestantischen Prädestinationslehre identifizierte, verknüpfte er nicht das Schicksal der Religion überhaupt mit dem Schicksal der modernen Kultur. Der moderne Kapitalismus ist nach Weber zu keinem Zeitpunkt als Verwirklichung der religiösen Ideen angestrebt worden, sondern war deren unbeabsichtigte Nebenfolge. Da Weber in dieser Weise aber zwischen Religion und moderner Kultur unterschied, konnte er auch für seine Gegenwart der Religion noch eine den entfremdenden Sachzwängen der modernen Kultur entgegenstehende Bedeutung zuschreiben. Diese Wirkung sah Weber, der fest in den kulturprotestantischen Traditionen verwurzelt war und sich etwa im *Evangelisch-Sozialen Kongress* auch in diesem Sinne engagierte, gerade in der christlichen Freiheit, welche die Gottesbeziehung gewährt und welche auch nicht durch die Sachzwänge der modernen Kultur zerstört werden kann.[17] Freilich soll nicht unerwähnt bleiben, dass sich diese Einschätzung Webers in den späteren Jahren veränderte und er den möglichen Einfluss der Religion auf die Lebensführung angesichts der verhärteten Strukturen der modernen Kultur zunehmend kritisch sah.[18] Hingegen ist diese Deutung des Verhältnisses von Religion und Kultur, welche nicht nur die Möglichkeit, sondern auch die Notwendigkeit der Vertretung des protestantischen Gedankens der freien Persönlichkeit unter Bedingungen der modernen Welt vertritt, bei einem Freund und engen Gesprächspartner Max Webers zu programmatischer Bedeutung gelangt: in der Theologie von Ernst Troeltsch, der hier nur mit einem Zitat erwähnt sei, das im Pathos Weber durchaus nicht nachsteht: «Bewahren wir uns das religiös-metaphysische Prinzip der Freiheit, sonst möchte es um Freiheit und Persönlichkeit in dem Augenblick geschehen sein, wo wir uns ihrer und des Fortschritts zu ihr am lautesten rühmen.»[19]

3 Zur Aktualität von Webers These

Mag die sprachliche Emphase der Texte uns heute auch ein wenig befremdlich erscheinen, so sollte doch der grosse Wert dieser Texte über den Zusammenhang von Religion und moderner Wirtschaft darüber nicht unterschlagen werden. Dies soll abschliessend mit Blick auf die im engeren Sinne kulturwissenschaftliche Debatte der Gegenwart, auf globale Perspektiven gegenwärtiger

17 Vgl. Friedrich Wilhelm Graf: Max Weber und die protestantische Theologie seiner Zeit, in: Zeitschrift für Religions- und Geistesgeschichte 39 (1987), S. 122–147.

18 Vgl. Friedemann Voigt: Das protestantische Erbe in Max Webers Vorträgen über «Wissenschaft als Beruf» und «Politik als Beruf», in: Zeitschrift für Neuere Theologiegeschichte 9 (2002), S. 245–267.

19 Ernst Troeltsch: Die Bedeutung des Protestantismus für die Entstehung der modernen Welt, in: ders.: Schriften zur Bedeutung des Protestantismus für die moderne Welt (1906–1913), hrsg. von Trutz Rendtorff in Zusammenarbeit mit Stefan Pautler, Berlin/New York 2001 (Ernst Troeltsch Kritische Gesamtausgabe, Band 8), S. 199–316.

Wirtschaftsethik und schliesslich auf theologische Fragestellungen thematisiert werden.

3.1 Die Weber-These heute – kulturelle Perspektiven

Die Weber-These ist kein Instrument einer rückwärtsgewandten protestantischen Sehnsucht nach kultureller Hegemonie. Wer sie in dieser Weise beansprucht oder deshalb kritisiert, hat sie nicht verstanden. Freilich geht es in der Auseinandersetzung mit Webers *Protestantischer Ethik* immer auch um die Frage nach der Bedeutung der Religion für die Gestaltung der Gegenwart. Und weil Weber gezeigt hat, dass die Rede von *der* Religion für eine Kulturdeutung zu undifferenziert ist, und er deshalb auf die konfessionellen Differenzen starken Wert gelegt hat, verbinden sich mit der Auseinandersetzung um Webers These auch immer wieder Streitigkeiten um die Modernitätsrelevanz der unterschiedlichen Religionen und Konfessionen. Da es dabei auch häufig, wie sollte es anders sein, um das mit der eigenen Konfession eng verbundene Selbstverständnis der Beteiligten geht, sind die Debatten nicht selten ausgesprochen aufgeladen. So fand Webers These schon bei Zeitgenossen energischen Widerspruch. Vor allem Katholiken und Lutheraner waren mit dem ihnen von Weber ausgestellten Zeugnis, sie seien nicht modernitätsfähig, nicht sonderlich zufrieden.[20]

Es gibt seitdem immer wieder Versuche, Weber zu widerlegen, die Religion entweder ganz aus der Entstehung des Kapitalismus herauszurechnen oder den Geist des Kapitalismus nicht in der protestantischen Askese, sondern etwa in der zisterziensischen Erotik gründen zu lassen. Webers *Protestantische Ethik* hat auch die ernstzunehmenden dieser Kritiken relativ schadlos überstanden, weil sie sich eben nicht dem leicht durchschaubaren Zweck einer Apologie der eigenen Frömmigkeit (bzw. Religionsfeindlichkeit) verschrieben hat, sondern dem kritischen Interesse an dem Entstehen und der Beschaffenheit des eigenen Standpunkts ver-

---

20 Diese zeitgenössische Debatte ist dokumentiert bei Johannes Winckelmann (Hrsg.): Max Weber. Die protestantische Ethik II. Kritiken und Antikritiken, Gütersloh 1987[5].

pflichtet ist.[21] Diese kritische Selbstreflexivität Webers erklärt auch die relativ zurückhaltende Rezeption der *Protestantischen Ethik* im Protestantismus, der doch vorgeführt bekommt, dass es ausgerechnet die von ihm geförderte Heils*un*sicherheit und Höllenangst sind, die seine kulturelle Bedeutung gefördert haben.[22] Es lässt sich also sagen, dass Webers Text auch gerade deswegen aktuell bleibt, weil er sich einer positionellen Domestizierung widersetzt.

3.2 Die Weber-These heute – globale Perspektiven

So lässt sich heute durchaus von einer neuen Aktualität der Weber-These angesichts einer globalisierten Wirtschaftslage sprechen. Seit Beginn des dritten Jahrtausends jedenfalls ist die *Protestantische Ethik* scheinbar aktueller als je zuvor. So kann in Berufung auf Weber unternommen werden, die gegenwärtige Wirtschaftslage als Folge unterschiedlich kräftigen protestantischen Einflusses zu deuten. Der britische, in Harvard lehrende Historiker Niall Ferguson hat in einem Leitartikel der *International Herald Tribune* die Schwäche des europäischen Arbeitsmarktes als Folge eines erodierenden europäischen Protestantismus gedeutet, dem er die lebendige protestantische Arbeitsethik der florierenden amerikanischen Wirtschaft gegenüberstellt.[23]

Noch spannender wird es, wenn sich der Blick über den westeuropäischen und nordamerikanischen Raum auf bislang weniger wirtschaftskräftige, aber heute prosperierende Regionen in Asien sowie Mittel- und Südamerika richtet. Bei einer Tagung der Cornell-University anlässlich des hundertjährigen Jubiläums der *Protestantischen Ethik* hielt der renommierte Soziologe Peter L. Berger einen Vortrag mit dem Titel «Max Weber is alive and well,

---

21 Zur kulturgeschichtlichen Konzeption Webers vgl. Gangolf Hübinger: Max Weber und die historischen Kulturwissenschaften, in: Notker Hammerstein (Hrsg.): Deutsche Geschichtswissenschaft um 1900, Stuttgart 1988, S. 269–288.

22 Gangolf Hübinger: The Protestant Ethic in Protestant Thought. Max Weber in Protestant Memory, in: European Journal of Political Theory 5 (2006), S. 455–468.

23 A.a.O., S. 465.

and living in Guatemala: The Protestant Ethic today».[24] Er weist darauf hin, dass in solchen Ländern der Protestantismus in Gestalt pfingstlerischer und charismatischer Bewegungen enorme Zuwachsraten hat. Ein ganz wichtiger Erfolgsfaktor ist dabei, dass es diese religiösen Gemeinschaften sind, in denen sich die neuen Leistungseliten solch wirtschaftlich prosperierender Länder formieren. Das von Weber selbst diagnostizierte Verschwinden des religiös motivierten Ethos aus dem modernen Wirtschaftsleben ist ein Phänomen der westlichen Gesellschaften. Wird selbst in ihnen heute von einer Renaissance des Religiösen gesprochen, zeigt ein Blick über die Grenzen dieser westlichen Gesellschaften also eine religiös unterbaute wirtschaftliche Aufbruchsstimmung, vergleichbar der von Weber im Europa des 17. und 18. Jahrhunderts diagnostizierten.[25] Auch dort sind es die harten, dem modernen Denken eher widerständigen Formen protestantischer Religiosität, die kulturell wirksam werden. Webers These hat heute also Aktualität an Orten, die Weber selbst vor hundert Jahren unmöglich antizipieren konnte.

3.3 Die Weber-These heute – theologische Perspektiven

Das führt zu einer abschliessenden Überlegung: Müssen wir Weber auch in der Diagnose folgen, dass die moderne Kultur die Bedeutung religiös motivierter Lebensführung eliminiert oder zumindest marginalisiert hat? Sind es tatsächlich nur die Formen *harter* Religiosität, welche kulturell einflussreich sein können? Hier schlägt natürlich das Herz eines protestantischen Theologen. Es kann nur gelten, mit Max Weber über Max Weber hinauszugehen. Es gilt mit Max Weber zu erkennen, dass es das religiös gehaltvolle Verständnis des Einzelnen ist, mit dem das Christentum, der Protestantismus und die moderne Kultur in einem konstruktiven, wenn auch schwierigen Verhältnis stehen. Dieses so

---

24 http://www.economyandsociety.org/events/Berger_paper.pdf (Stand Mai 2007).

25 Dies wird in Religionssoziologie und Religionswissenschaft heute unter dem Begriff der «Desäkularisierung» diskutiert. Vgl. Peter L. Berger (ed.): The Deseculariation of the World. Resurgent Religion and World Politics, Grand Rapids/Mich. 1999.

verstandene Individuum ist gewissermassen die Lebensader, die Christentum und moderne Welt verbindet. Sie darf nicht abgeschnitten werden. Gemeint ist damit natürlich kein mystischer Individualismus; vielmehr benötigt die individuelle Persönlichkeit zu ihrer Stärkung Gemeinschaften und Institutionen. Der Weber nahe stehende Ernst Troeltsch hat in diesem Sinne seine monumentale Untersuchung über *Die Soziallehren der christlichen Kirchen und Gruppen* mit dem Ausblick beendet, die Schaffung einer angemessenen Organisationsform sei die Hauptaufgabe eines der modernen Welt gewachsenen Christentums.[26] Wesentlich stärker als Weber hat der protestantische Theologe Troeltsch darauf gesetzt, dass die Religion die entscheidende Potenz ist, wenn es gilt, den depersonifizierenden Tendenzen der modernen Kultur etwas entgegenzusetzen.[27]

Dieser modernen Welt gewachsen zu sein, bedeutet deshalb aber auch, ihr nicht nur mit moralischen Appellen oder durch Rückgriff auf existentielle Gewissensnöte und dramatische Selbstzweifel des 17. Jahrhunderts zu begegnen. Die christliche Tradition ist reich an Vorstellungen, Bildern und theologischen Gedanken, die zur Vergewisserung der Persönlichkeit führen können. Im einleitenden Text zu diesem Band spricht Johannes Fischer davon, die Kirchen müssten durch Verkündigung und Bildungsarbeit Menschen in ihrer Lebensführung prägen und zu verantwortlichem Handeln in Wirtschaft und Gesellschaft ermutigen. Hier ist die theologische Kompetenz gefragt, Tradition und Innovation verantwortungsvoll zu verbinden und mit den komplexen Ansprüchen unserer Gegenwart konstruktiv ins Gespräch zu bringen. Die Besinnung auf Max Weber und seine *Protestantische Ethik* ist dafür schon deshalb wertvoll, weil sie gewahr werden lässt, dass sich die Widersprüche zwischen Wirtschaft und Religion doch Gemeinsamkeiten verdanken, die nicht nur Geschichte sind.

26 Ernst Troeltsch: Die Soziallehren der christlichen Kirchen und Gruppen, Tübingen 1912, S. 965–986.
27 Vgl. dazu Friedrich Wilhelm Graf: Wertkonflikt oder Kultursynthese, in: Wolfgang Schluchter/Friedrich Wilhelm Graf (Hrsg.): Asketischer Protestantismus und der ‹Geist› des modernen Kapitalismus. Max Weber und Ernst Troeltsch, Tübingen 2005, S. 257–279.

Emidio Campi

Erbe und Wirkung der Zürcher Reformation

1 Reformatorische Bewegung mit humanistischer Gelehrsamkeit

Städte haben ihre Geschichte – eine Geschichte, die gelegentlich bestimmte Wesensmerkmale über Jahrhunderte hin als prägende Züge ihres Bildes erscheinen lässt. Zu den Städten mit unverwechselbarer Eigenart gehört Zürich. Die schweizerische Wirtschaftsmetropole und insbesondere ihr Arbeitsethos werden noch immer mit der Reformation in Verbindung gebracht. Welche Prägekraft Huldrych Zwingli und Heinrich Bullinger auf die wirtschaftliche Entwicklung der Limmatstadt ausgeübt haben, ist eine offene Frage, die in der langen und fortdauernden Diskussion um die *protestantische Ethik und den Geist des Kapitalismus*[1] nach wie vor einer umfassenden Untersuchung bedarf.

Bei näherem Zusehen gibt es aber auch ein anderes, vielleicht weniger spektakuläres Wesensmerkmal Zürichs, das auch überzeugten Verehrern der beiden Zürcher Reformatoren kaum mehr präsent ist, obwohl es handgreifliche Folgen hatte: die sehr enge Verknüpfung der hiesigen reformatorischen Bewegung mit humanistischer Gelehrsamkeit, insbesondere mit dem Humanistenfürst Erasmus von Rotterdam (1469–1536).[2]

Das sieht man bereits an der theologischen Ausrichtung der Zürcher Reformation deutlich. In diesem Rahmen kann jedoch auf die

---

1 Vgl. Max Weber: Die protestantische Ethik und der «Geist» des Kapitalismus: Textausgabe auf der Grundlage der ersten Fassung von 1904/05 mit einem Verzeichnis der wichtigsten Zusätze und Veränderungen aus der zweiten Fassung von 1920, München 2006 (Die Bibliothek der Wirtschaftsklassiker 6).

2 Vgl. neuestens Christine Christ-von Wedel, Urs B. Leu (Hrsg.): Erasmus in Zürich: Eine verschwiegene Autorität, Zürich 2007.

schwierigen Detailprobleme nicht eingegangen werden. Trotzdem möchte ich dazu wenigstens zusammenfassend etwas anmerken. Zwinglis und Bullingers reformatorisches Lebenswerk ist zweifellos aus der Begegnung mit dem richtenden und freisprechenden göttlichen Wort entstanden. Ein wichtiger Faktor stellt ausserdem ihre Zuwendung zu den *Studia humanitatis* dar, was sich nicht nur auf die methodischen und wissenschaftstheoretischen Elemente, sondern auch auf die Gestalt und den Inhalt ihrer Theologie ausgewirkt hat.[3] Wenn also im Folgenden besonders auf die kirchenpolitische und politische Seite eingegangen wird, muss dabei bedacht werden, dass dies nur ein Teilaspekt ihres reformatorischen Wirkens ist.[4] Ich behandle zuerst drei wichtige Institutionen im reformierten Zürich des 16. Jahrhunderts und beleuchte hernach das zentrale Problem der Verhältnisbestimmung von göttlicher und menschlicher Gerechtigkeit.

2 Epochale soziale Reformen im reformierten Zürich

2.1 Die Prophezei

Es sei zunächst einmal auf die *Prophezei* hingewiesen. Diese typisch zürcherische Einrichtung, eine Art Bibelschule mit erheblichen wis-

---

3 Vgl. Fritz Büsser: Zwingli der Exeget, in: ders.: Die Prophezei. Humanismus und Reformation in Zürich, Bern 1994 (Zürcher Beiträge zur Reformationsgeschichte 17), 26–45, hier 43.

4 Das Zwinglibild hat sich in den letzten rund siebzig Jahren gründlich gewandelt. Während Zwingli als Theologe eindeutig aufgewertet wurde, ist der Politiker und Staatsmann Zwingli etwas in den Hintergrund getreten beziehungsweise in seiner Bedeutung eingeschränkt worden. Insbesondere Leonhard von Muralt, Fritz Blanke, Fritz Büsser, Rudolf Pfister, vor allem aber Gottfried Locher konnten seine theologische Selbständigkeit überzeugend nachweisen. Was Bullinger anbelangt, gehörte er zu den eher wenig bekannten Grössen des Reformationsjahrhunderts. Erst in neuester Zeit wurden sein Lebenswerk, seine theologische Eigenständigkeit und seine Ausstrahlung in grösseren Arbeiten angemessen hervorgehoben. Vgl. Fritz Büsser: Heinrich Bullinger: Leben, Werk und Wirkung, 2 Bde., Zürich 2004–2005; Emidio Campi (Hrsg.): Heinrich Bullinger und seine Zeit. Eine Vorlesungsreihe, Zürich 2004; Peter Opitz: Heinrich Bullinger als Theologe. Eine Studie zu den «Dekaden», Zürich 2004.

senschaftlichen Ansprüchen, erhielt ihren Namen im Anschluss an 1 Kor 14,29. Angeregt vom Beispiel des Erasmus, der in Löwen das *Collegium trilingue* als unabhängige Bildungsinstitution neben der dortigen Universität eingerichtet hatte, plante auch Zwingli für Zürich eine Bildungsreform. Im Juni 1525 begann im Chor des Grossmünsters der Betrieb des neuartigen Bildungsinstituts, welches einerseits etwas vom Ideal einer humanistischen Gelehrtensozietät verwirklichte, andererseits die gründliche Schulung angehender Pfarrer in den biblischen Sprachen Hebräisch und Griechisch sowie in der *Lingua franca* Latein sicherstellte.[5]

Die bescheidene biblisch-exegetische Arbeitsgemeinschaft entwickelte sich unter der Leitung von Heinrich Bullinger zur *Schola Tigurina*, einer Hohen Schule von grosser Ausstrahlung und Reputation, ja zum Prototyp aller späteren reformierten Akademien nicht nur im eidgenössischen Kontext, sondern auch auf europäischer Ebene.[6] Die Leistung der Schule lag v. a. auf dem Gebiet der Bibel-

---

5 Bereits am 29. September 1523 hatte der Zürcher Rat beschlossen, den Ausbau des höheren Schulwesens und die Förderung des Pfarrernachwuchses voranzutreiben, vgl. Actensammlung zur Geschichte der Zürcher Reformation in den Jahren 1519–1533, hrsg. von Emil Egli, Zürich 1879 [nachfolgend zit. EAk], Nr. 426: «Und damit sömlichs dester kommlicher beschehen müge, so ist die meinung, dass verordnet werdent wol gelert, kunstrich, sittig männer, die alle tag offenlich in der heiligen schrift, ein stund in hebräischer, ein stund in kriechischer und ein stund in latinischen sprachen, die zuo rechtem verstand der göttlichen gschriften ganz notwendig sind, lesent und lerent.» Zur Geschichte der Zürcher Hohen Schule vgl. Schola Tigurina: Die Zürcher Hohe Schule und ihre Gelehrten um 1550. Katalog zur Ausstellung vom 25. Mai bis 10. Juli 1999 in der Zentralbibliothek Zürich, Redaktion Hans Ulrich Bächtold, Zürich/Freiburg i. Br. 1999; Kurt Spillmann: Zwingli und die Zürcher Schulverhältnisse, in: Zwingliana XI/7 (1962), 427–448; Hans Nabholz: Zürichs Höhere Schulen von der Reformation bis zur Gründung der Universität, 1525–1833, in: Die Universität Zürich 1833–1933 und ihre Vorläufer, bearb. von Ernst Gagliardi u. a., Zürich 1938 (Die Zürcherischen Schulen seit der Regeneration 3), 3–164; Ulrich Ernst: Geschichte des Zürcherischen Schulwesens bis gegen das Ende des sechzehnten Jahrhunderts, Winterthur 1879.

6 Vgl. Ulrich Im Hof: Die Entstehung der reformierten Hohen Schule. Zürich (1525) – Bern (1528) – Lausanne (1537) – Genf (1559), in:

exegese und -übersetzung sowie der Orientalistik und Sprachwissenschaft. Ihr verdanken wir zwei grossartige Zeugnisse der Zürcher Reformation: die erste evangelische Übersetzung der ganzen Bibel in deutscher Sprache (1531)[7] sowie eine Reihe von biblischen Kommentaren, die damals über weite Teile Europas verbreitet worden sind und im Grunde schon das Anliegen moderner Bibelwissenschaft vorweggenommen haben. Von den bedeutenden Dozenten seien genannt: der ausgezeichnete Exeget Konrad Pellikan,[8] der Orientalist Theodor Bibliander, der eine Aufsehen erregende Koranausgabe veranstaltete,[9] dann der Universalgelehrte Conrad Gessner.[10] Der

Peter Baumgart und Notker Hammerstein (Hrsg.): Beiträge zu Problemen deutscher Universitätsgründungen der frühen Neuzeit, Nendeln 1978 (Wolfenbütteler Forschungen 4), 243–262.

7 Die gantze Bibel der ursprünglichen Ebraischen und Griechischen waarheyt nach auffs aller treüwlichest verteütschet, Zürich: Christoph Froschauer d. Ä., 1531.

8 Konrad Pellikan (1478–1556) wurde 1526 als Nachfolger von Jakob Ceporin als Professor nach Zürich berufen, wo er bis zu seinem Tod wirkte. Pellikan leistete einen namhaften Beitrag zu den Zürcher Bibelübersetzungen und schuf mit seinen Commentaria bibliorum in sechs Bänden (Erstauflage 1532–1535, 1537, 1539) den einzigen protestantischen biblischen Gesamtkommentar der Reformationszeit. Eine interessante Quelle zu Pellikans Leben und seiner Zeit bilden dessen als Chronicon bekannt gewordenen autobiographischen Aufzeichnungen. – Lit.: Das Chronikon des Konrad Pellikan, hrsg. von Bernhard Riggenbach, Basel 1877; Christoph Zürcher: Konrad Pellikans Wirken in Zürich, 1526–1556, Zürich 1975 (Zürcher Beiträge zur Reformationsgeschichte 4).

9 Theodor Bibliander (1505/06–1564) von Bischofszell studierte unter Oswald Myconius und Jakob Ceporin in Zürich und unter Johannes Oekolampad und Konrad Pellikan in Basel, ehe er 1531 nach einem zweijährigen Aufenthalt im schlesischen Liegnitz (Legnica, Polen) die Nachfolge Zwinglis an der Zürcher Hohen Schule antrat. Berühmtheit erlangte Bibliander insbesondere durch die erwähnte Koranausgabe sowie durch sein sprachwissenschaftliches Werk De ratione communi omnium linguarum et literarum commentarius (1548). – Lit.: Christine Christ-von Wedel (Hrsg.): Theodor Bibliander (1505–1564): ein Thurgauer im gelehrten Zürich der Reformationszeit, Zürich 2005; Hartmut Bobzin: Der Koran im Zeitalter der Reformation: Studien zur Frühgeschichte der Arabistik und Islamkunde in

berühmte Theologe Petrus Martyr Vermigli[11] lehrte auch kurze Zeit an der Schola Tigurina.

Zürichs Universität ist, im europäischen Kontext betrachtet, bekanntlich ein recht junges Gebilde. 1833 auf Beschluss des Volks gegründet, kann sie sich bezüglich Alter und (daraus abgeleiteter) Würde mit traditionsreichen Hochschulen wie Heidelberg (1385/86), Basel (1459/60) oder gar Oxford (Anfang des 13. Jahrhunderts) und Bologna (Ende des 12. Jahrhunderts) nicht messen. Bei näherer Betrachtung aber kann sie auf eine Jahrhunderte lange Tradition zurückblicken, denn ihre Wurzeln reichen immerhin bis in die Anfänge der Reformation zurück.

Europa, Stuttgart 1995 (Beiruter Texte und Studien 42); Emil Egli: Analecta Reformatoria, Bd. 2: Biographien. Bibliander, Ceporin, Johannes Bullinger, Zürich 1901.

10 Conrad Gessner (1516–1565) studierte in Bourges und Paris und wurde 1537 Griechischprofessor in Lausanne. Nach einer medizinischen Promotion in Basel 1541 kehrte er nach Zürich zurück, wo er als Arzt und Professor für Naturgeschichte wirkte und eine ungeheure Schaffenskraft auf den Gebieten der Sprachwissenschaft («Mithridates» 1555), der Bibliographie («Bibliotheca universalis» 1545), Zoologie («Historia animalium» 1551–1558), Botanik, Pharmakologie und Medizin entfaltete. – Lit.: Urs B. Leu: Conrad Gessner als Theologe: Ein Beitrag zur Zürcher Geistesgeschichte des 16. Jahrhunderts, Bern u. a. 1990 (Zürcher Beiträge zur Reformationsgeschichte 14); Hans Fischer u. a.: Conrad Gessner: 1516–1565. Universalgelehrter, Naturforscher, Arzt, Zürich 1967.

11 Petrus Martyr Vermigli (1499–1562) stammte aus Florenz, verliess 1542 Italien und wurde Theologieprofessor in Strassburg. In den Jahren 1547–1553 wirkte er als Professor für Altes Testament in Oxford. Nach der Thronbesteigung Marias musste Vermigli Oxford verlassen und fand erneut Beschäftigung an der Strassburger Hochschule, ehe er 1556 an die Zürcher Hohe Schule berufen wurde. Vermigli war einer der führenden Denker des reformierten Protestantismus seiner Zeit. – Lit.: Emidio Campi (Hrsg.): Peter Martyr Vermigli: Humanism, Republicanism, Reformation, Genf 2002 (Travaux d'Humanisme et Renaissance 365); Frank A. James III (Hrsg.): Peter Martyr Vermigli and the European reformations: Semper Reformanda, Leiden u. a. 2004 (Studies in the History of Christian Traditions 115).

2.2 Die Armenordnung

Eine zweite epochale soziale Reform des Jahres 1525, an der sich die Verknüpfung zwischen reformatorischer Theologie und Humanismus noch deutlicher aufzeigen lässt, war die Einführung einer *Armenordnung*. Mit dem Mandat vom 15. Januar 1525[12] nahm der Rat die sozialen Aufgaben, die vorher der Kirche oblagen, in den eigenen Kompetenzbereich auf. Das hiess u. a. die Einrichtung des sogenannten «Mushafens», einer Küche zur Speisung der einheimischen und fremden Bedürftigen,[13] bei gleichzeitigem Verbot des Bettelns und des Empfangs individueller Almosen.[14] Weiter wurden arme und kinderreiche Familien sowie Alte und Pflegebedürftige finanziell unterstützt, die Kinder Unbemittelter wurden bei befriedigenden Leistungen kostenlos geschult und die Waisenkinder liess man bis zum Abschluss einer Berufslehre ausbilden.[15]

Selbstverständlich war die Fürsorge für die Armen keine Erfindung der Zürcher Reformation. Die mittelalterliche Kirche hatte bereits Vorbildliches und Unvergessliches zur Bekämpfung der Armut geleistet. Dann verfolgten in der Frühen Neuzeit Erasmus von Rotterdam (1466–1536), Thomas Morus (1478–1535) und vor allem der spanische Humanist Juan Luis Vives (1492–1540) dieses Ziel aus einem gänzlich anderen Blickwinkel. In seinem weit verbreiteten Werk *De subventione pauperum* (1526) vertrat

12 Das Ratsmandat «Ordnung und artikel antreffend das almuosen» findet sich in EAk, Nr. 619.
13 Ebd., S. 270: «Des ersten, damit die armen lüt ab der gassen gebracht, ist zuo einem anfang angesehen, dass man alle tag ein kessel mit habermel, gersten oder anderem gemües zuo den Predigeren koche, wie hernach folget, muos und brot am morgen, so man die predigergloggen verlütet hat, geben sölle.»
14 Ebd., S. 272: «Es ist daruf witer beschlossen, dass hinfür aller bettel in der stadt Zürich, es sye von heimschen oder von frömbden personen, abgestellt sin sölle, also dass weder husarmen lüten, frömbden noch heimschen werde nachgelassen, an den strassen vor den kilchen, ligend oder sitzend, ouch vor oder in den hüseren nit bettlen oder jemants anhöuschen söllen.»
15 Vgl. zur frühneuzeitlichen Zürcher Armenfürsorge Alice Denzler: Geschichte des Armenwesens im Kanton Zürich im 16. und 17. Jahrhundert, Zürich 1920 (Zürcher Volkswirtschaftliche Studien 7).

Vives neben der Forderung nach einem ausnahmslosen Bettelverbot die Meinung, dass die Fürsorge der Armen nicht allein Aufgabe der Kirche, sondern des gesamten christlichen Staates sei.[16]

Diese Auffassung ist in der Zürcher Almosenordnung spürbar. So zahlte der Staat ein *Almosen* – modern gesprochen: eine Sozialhilfe. Aber nur dann, wenn die Person sich selbst nicht durch eigene Arbeit durchbringen konnte. Die grosszügige Armenfürsorge verband sich mit einem strengen Arbeitsethos, denn gleichzeitig wurde die Achtung der Arbeit als sittliches Verhalten und als ökonomischer Wert theologisch erarbeitet.[17] Daher mussten alle Arbeitsfähigen arbeiten. Gleichzeitig wurden die meisten Feiertage abgeschafft und längere Arbeitszeiten als anderswo festgesetzt. Keine Frage, dass diese Sichtweise auch dem Grundanliegen der biblisch-reformatorischen Botschaft entsprach. Das Almosen durfte nicht mehr die Stelle eines menschlichen Werkes in der Hoffnung auf eine spätere Vergeltung einnehmen, sondern wurde ganz und gar zur dankbaren Bezeugung der freien Gnade Gottes. Die Hilfe gegenüber dem Hilfsbedürftigen durfte diesen niemals zum Objekt bevormundender Fürsorge machen, sondern hatte ihn als Subjekt zu achten. Er selbst sollte so viel als möglich zur Befreiung aus seiner Not beitragen.

Durch diese Mischung von humanistischem Gedankengut und reformatorischer Theologie gehörte Zürich zu den ersten Gemeinwesen im Europa der Frühen Neuzeit, das soziale Neuerungen eingeführt hat, die im weitesten Sinn als Vorläufer des *Wohlfahrtsstaates* betrachtet werden können.

16 Juan Luis Vives: De subventione pauperum sive de humanis necessitatibus libri II: Introduction, Critical Edition, Translation and Notes, hrsg. von C. *Matheeusen* und C. *Fantazzi*, Leiden u. a. 2002 (Selected works of Juan Luis Vives 4).

17 Anton Lagiadèr: Das reformierte Zürich und die Fest- und Heiligentage, in: Zwingliana 9, 1953, 497–525; Peter Jezler, Elke Jezler, Christine Göttler: Warum ein Bilderstreit? Der Kampf gegen die «Götzen» in Zürich als Beispiel, in: Hans-Dietrich Altendorf, Peter Jezler (Hrsg.): Bilderstreit. Kulturwandel in Zwinglis Reformation, Zürich 1984, 83–102, bes. 93–97; Emidio Campi: Zwingli und Maria, Zürich 1997, 76–81.

2.3 Das Ehe- und Sittengericht

Schliesslich wurde auch das humanistische Ideal der sozialethischen und sittenbildenden Funktion des Rechts in der Institution des *Ehe- und Sittengerichts* getreu verwirklicht.[18] Über Ehe und Sitte urteilen zu dürfen, war ein begehrtes Ziel des weltlichen Regiments in Zürich, das alle Rechte über die Untertanen in seiner Hand vereinigen wollte. Schon vor der Reformation beobachtet man den Willen des Magistrats, sich von der bischöflichen Oberhoheit abzulösen und über das Eherecht, vor allem über die materiellen Aspekte der Ehe, zu bestimmen.[19] Dass es dann die Reformation war, die in diesem Bereich zu einschneidenden Änderungen sowohl in der Ehegesetzgebung wie in der Gerichtsbarkeit führte, hing mit der Infragestellung der Ehe als Sakrament und der geistlichen Gerichtsbarkeit zusammen. Nach dem kirchenrechtlichen Bruch mit dem zuständigen Bistum von Konstanz musste Zürich schon aus juristischen, erst recht aber aus pastoraltheologischen Gründen eine eigene Ordnung über die Ehe ins Leben rufen. So wurde in Eheangelegenheiten mit dem Ratsmandat vom 10. Mai 1525 ein besonderes Gericht eingesetzt, das an die Stelle des bischöflichen Ehegerichts trat.[20] Es bestand aus je zwei Vertretern des Grossen und Kleinen Rates sowie zwei Prädikanten. Seine Aufgabe war es, über Eheschliessungen und Ehehindernisse zu bestimmen, die wirtschaftlichen Fragen rund um Ehescheidungen und Trennungen zu regeln sowie Fälle zu untersuchen und zu beurteilen, die öffentliches Ärgernis erregten (z. B. Ehebruch, Impotenz, böswilliges Verlassen, Krankheit des Partners usw.). Da durch diese Ordnung ein grosser und wichtiger Teil des Zusammenlebens geregelt wurde, wuchs die neugegründete Institution bald in die Rolle eines staatlichen Sittenaufsehers

18 Grundlegend dazu die Studie: Walther Köhler: Zürcher Ehegericht und Genfer Konsistorium, 2 Bde., Leipzig 1932/1942 (Quellen und Abhandlungen zur Schweizerischen Reformationsgeschichte 10 und 13).

19 Küngolt Kilchenmann: Die Organisation des Zürcherischen Ehegerichts zur Zeit Zwinglis, Zürich 1946.

20 Das Ratsmandat «Ordnung und ansehen, wie hinfür zuo Zürich in der stadt über elich sachen gericht soll werden» findet sich in EAk, Nr. 711.

hinein. Schon 1526 wurde das Ehegericht zum Sittengericht erweitert und auf die Landschaft ausgedehnt.[21] Kurz danach übernahm es als rein staatliches Organ die sittliche Kontrolle der gesamten Bürgerschaft. Die Sittenmandate des Rates von 1530 und 1532 sahen u. a. die Exkommunikation bei Vernachlässigung des Gottesdienstes, Ehebruch und Hurerei vor; sie schrieben den Besuch der Abendmahlsfeiern vor und drohten Sakramentsverächtern polizeiliche Sanktionen an.[22]

Walter Köhler hat in seiner grundlegenden Studie[23] nachgewiesen, dass dieses Modell weit über Zürich hinaus nachgeahmt wurde, von den anderen reformierten Orten der Eidgenossenschaft über Strassburg und Genf bis in die englischen Kolonien in Nordamerika. Freilich ist diese Einmischung des Staates in die intimsten Bereiche des persönlichen Lebens für uns heute unvorstellbar und steht wohl letztlich mit der christlichen Freiheit, welche die Reformation predigte, im Widerspruch. Für die Volkserziehung – eine auf das humanistische Ideal zurückzuführende Idee – sowie für das rechtstheologische, staatskirchenrechtliche und das juristische Denken hat das Ehegericht aber die Grundlagen der reformierten Kirche und des Zürcher Gemeinwesens stärker beeinflusst, als gewöhnlich angenommen wird.

3   Göttliche und menschliche Gerechtigkeit

Es wäre freilich verfehlt, Erasmus zum heimlichen Reformator Zürichs hochzustilisieren. Dennoch verhält es sich mindestens so und nicht anders: Die Zürcher Reformation, die als Prototyp des reformierten Protestantismus gelten darf, ist ideengeschichtlich gesehen weitgehend aus dem Humanismus erasmischer Prägung entstanden. Neue Studien zeigen, dass auch in Genf und in calvinistischen Territorien eine bedeutende Erasmusrezeption anzunehmen ist.[24] Das Gleiche kann man für die lutherische Reforma-

---

21 Vgl. EAk, Nr. 990 (13. Juni 1526).
22 Vgl. EAk, Nr. 1656 (26. März 1530), Nr. 1832 (März 1532).
23 Vgl. oben Anm. 18.
24 Irena Backus: L'influence de l'exégèse d'Erasme sur le milieu calvinien à Genève, in: E. Braekman (Hrsg.): Erasme et les théologiens réformés, Bruxelles 2005; Matteo Campagnolo: Entre Théodore de

tion in Bezug auf Luthers grosse Auseinandersetzung mit Erasmus kaum behaupten. Dieser Einfluss auf den reformierten Zweig des Protestantismus zeitigte zahlreiche Folgen. Eine seiner Nachwirkungen besteht darin, dass der reformierte Glaube sich mit einem Rückzug aus der Welt nicht verträgt, sondern sich in das Zeitgespräch einmischt; er verpflichtet gerade auch zu tätiger Mitarbeit im öffentlichen und sozialen Bereich, um die Herrschaft Christi über das ganze Leben, das private und das öffentliche, über das lokale und das globale auszurufen.

Das lässt sich sehr schön an Zwinglis Schrift *Von göttlicher und menschlicher Gerechtigkeit*[25] von 1523 zeigen, meines Erachtens Zwinglis gewichtigstes Werk und Vermächtnis der Zürcher Reformation. Die erste, die göttliche Gerechtigkeit, führt zum Heil, bewirkt Reue und Busse und lässt die Rechtfertigung aus Gnaden im Glauben an das Sühneopfer Christi wirksam werden. Die zweite, die menschliche Gerechtigkeit, ist die von der Obrigkeit durchsetzbare Rechtsordnung, die wegen der Sündhaftigkeit der Menschen zu deren Schutz in ihrer gesellschaftlichen Existenz von Gott geboten wird. So herkömmlich diese Unterscheidung ist, so wegweisend ist die Verhältnisbestimmung der beiden Gerechtigkeiten. In der Sprache Zwinglis: *«wie die zemen sehind*

Bèze et Erasme de Rotterdam: Isaac Casaubon, in: Irena Backus (Hrsg.): Théodore de Bèze (1519–1605). Actes du Colloque de Genève (septembre 2005), Genève 2007, 195–217; Christoph Strohm: Ethik im frühen Calvinismus. Humanistische Einflüsse, philosophische, juristische und theologische Argumentationen sowie mentalitätsgeschichtliche Aspekte am Beispiel des Calvin-Schülers Lambertus Daneus, Berlin 1996.

25 Die Schrift ist ediert in: Huldreich Zwinglis sämtliche Werke, Bd. 2, Leipzig 1908, 458–525; eine Übersetzung findet sich in: Huldrych Zwingli, Schriften, hrsg. von Thomas Brunnschweiler und Samuel Lutz, Bd. 1, Zürich 1995, 155–213. Vgl. Arthur Rich: Zwingli als sozialpolitischer Denker, in: Zwingliana XIII/1 (1969), 67–89; Heinrich Schmid: Zwinglis Lehre von der göttlichen und menschlichen Gerechtigkeit, Zürich 1959 (Studien zur Dogmengeschichte und systematischen Theologie 12); Robert C. Walton: Zwingli's Theocracy, Toronto 1967; Berndt Hamm: Zwinglis Reformation der Freiheit, Neukirchen-Vluyn 1988, 104–117.

und standind»[26], das heisst: wie diese sich zueinander verhalten, in welchem Verhältnis sie zueinander stehen sollen. Man hätte Lust zu übersetzen: wie sie aufeinander blicken und zusammen stehen sollen. Göttliche und menschliche Gerechtigkeit werden zwar streng voneinander unterschieden, stehen aber in einer engen Beziehung zueinander. So könnte man holzschnittartig formulieren: Die göttliche und die menschliche Gerechtigkeit sind die beiden Seiten der gleichen Münze. Aus dieser Verbindung der beiden Ordnungen erwächst die normierende Wirkung der göttlichen Gerechtigkeit für die menschliche Gerechtigkeit. «In der Regelung der menschlichen Dinge», schreibt Zwingli, «soll man der göttlichen Gerechtigkeit so nahe kommen, wie es möglich ist»[27]. Weil menschliche Gerechtigkeit immer unvollkommen und gar sündhaft ist, muss sie von der göttlichen Gerechtigkeit kritisiert, korrigiert und gelegentlich umgewandelt werden. Anders gesagt: Menschliche Ordnungen sind derart zu gestalten bzw. zu verändern, dass sie unter den gegebenen Bedingungen dem Anspruch der göttlichen Gerechtigkeit soweit wie möglich entsprechen. Dazu gehören Zwinglis Lehren vom Wächteramt[28] der Kirche, vom Widerstandsrecht, unter Umständen von der Widerstandspflicht der Christen gegen die Unterdrückung von Gottes Wort oder der Menschenrechte durch obrigkeitliche Willkür.[29] Das darf allerdings nicht zu pedantisch verstanden werden. Die biblischen Gebote müssen nicht eins zu eins auf das heutige Leben übertragen werden. Es geht in dieser Hinsicht weder um eine *Politisierung der Kirche*, noch um eine Christianisierung

26 Der vollständige Titel der Schrift lautet: «Von göttlicher und menschlicher grechtigheit, wie die zemen sehind und standind. Ein predge Huldrych Zuinglis an s. Ioanns teuffers tag gethon im 1523.»
27 Huldrych Zwingli: Schriften, Bd. 1, 208. Vgl. den Originaltext: «Noch so ist die obergkeit darumb fürgesetzt, das sy in den dingen, zum nächsten inen möglich sye, by der götlichen grechtigkeit hinfarind.» (Huldreich Zwinglis sämtliche Werke, Bd. 2, 520, Z. 11–13).
28 Vgl. die treffenden Ausführungen bei Hans Scholl: Verantwortlich und frei. Studien zu Zwingli und Calvin, zum Pfarrerbild und zur Israeltheologie der Reformation, Zürich 2006, 64–67.
29 Vgl. dazu Hamm: Zwinglis Reformation (s. Anm. 25) und Emidio Campi: Bullingers Rechts- und Staatsdenken, in: Evangelische Theologie 64 (2004) 116–126, hier 121.

oder gar *Klerikalisierung der Gesellschaft*, sondern einzig und allein – wie Zwingli sagte – um den Einsatz für eine Gesellschaftsordnung nach der *Schnur Christi*.

An diesem Punkt stehen sich die Vorstellungen Zwinglis, Bullingers und der Täufer am unversöhnlichsten gegenüber. Das Anliegen der Täuferbewegung, die zunächst ihr Tätigkeitszentrum in Zürich besass,[30] war es, die göttliche und die menschliche Gerechtigkeit auseinander zu halten, sich von der heillosen Welt zurückzuziehen, ohne sich an der praktischen Neugestaltung des öffentlichen Lebens zu beteiligen, und die christliche Gemeinde ausserhalb aller weltlichen Ordnungen zu organisieren. Es ist hier nicht der Ort, die Fragen, die die Täuferbewegung für die Zürcher Reformationsgeschichte aufwirft, zu erörtern.

Wir stellen fest, dass, anders als Luther und anders als die Täufer, sowohl Zwingli als auch Bullinger der Gefahr, die eine vollständige Eigenständigkeit des Rechts und der politischen Macht in sich birgt, begegnen wollten. Nicht die Menschen entscheiden darüber, was als Recht und Unrecht zu gelten hat, sondern die göttliche Gerechtigkeit ist die Richtschnur. Zur Verdeutlichung zitiere ich dazu Arthur Rich, einen alten Meister der Zwingliforschung: «Göttliche und menschliche Gerechtigkeit verhalten sich zueinander wie Absolutes und Relatives»; das besagt zweierlei: «Es besagt fürs erste, dass die Institutionen des menschlichen Rechts keinen Absolutheitsanspruch geltend machen können, und fürs zweite, dass sie variabel und mithin veränderbar sein müssen».[31] An dieser Verhältnisbestimmung von menschlicher und göttlicher Gerechtigkeit ist das Eigentliche des Zürcher Reformationswerkes am deutlichsten sichtbar. Gerade diese Einsicht macht die Zürcher Reformation zu mehr als zu einer Episode im Kapitel *Stadtreformation* und verleiht ihr eine immerwährende Bedeutung.

---

30 Vgl. Andrea Strübind: Eifriger als Zwingli: Die frühe Täuferbewegung in der Schweiz, Berlin 2003; John D. Roth und James M. Stayer (Hrsg.): A companion to Anabaptism and Spiritualism, 1521–1700, Leiden u. a. 2007 (Brill's Companions to the Christian Tradition 6).

31 Arthur Rich: Zwingli als sozialpolitischer Denker (s. Anm. 25), 81 und 83.

Thomas Wallimann

Die katholische Soziallehre und die Arbeitswelt der Zürcher Katholik*inn*en

Der Anlass, über das Verhältnis der katholischen Soziallehre und der Arbeitswelt der Zürcher Katholik*inn*en nachzudenken, hat zunächst eine historische Ursache. 1807 wurde durch ein Dekret des Kleinen Rates (heute Regierungsrat) das rechtliche Fundament gelegt, dass erstmals seit 1525 in Zürich wieder katholische Gottesdienste geduldet wurden (sog. *Toleranz-Edikt*). Aber auch angesichts des heutigen ökumenischen Miteinanders darf die Frage interessieren, wie Soziallehre und Arbeitswelt sich zueinander verhalten und welche Impulse die beiden einander für die Zukunft zu geben vermögen.[1]

1 Rerum novarum und die soziale Frage

Als *katholische Soziallehre* bezeichnet man jenes Gesamt an bedeutsamen lehramtlichen Texten zu gesellschaftlichen Fragen,[2] die

1 Weil die religiöse Praxis der Katholik*inn*en (Feiern der Messe) äusserer Anlass für dieses Symposium ist, fragte ich nach dem Zufallsprinzip einige – v. a. reformierte – Personen, mit welchen Stichworten sie die *katholische Messe* verbinden. Am meisten genannt wurde *Weihrauch* (was interessanterweise kein Katholik erwähnte). Dann folgten in etwa ähnlicher Häufung *Priester* und *Kommunion*. Diese Stichworte habe ich zur Strukturierung des Vortrags wie auch dieses Beitrags benützt. Der Erfahrung religiöser Alltags-Praxis im Kapitel *Engagement vor Ort* (zum Stichwort Kommunion) folgen Gedanken zu den einflussreichen Personen im Kapitel *Treibende Köpfe* (zum Stichwort Priester) und schliesslich Überlegungen zum geistigen Hintergrund des Engagements mit der Überschrift *Tragende Gedankenwelt* (zum Stichwort Weihrauch – als Ehrerweis an [welchen?] Gott). Auch der Ausblick behält diese drei Kategorien.

2 Vgl. Bundesverband der Katholischen Arbeitnehmerbewegung Deutschlands: Texte zur katholischen Soziallehre. Die sozialen Rundschreiben der Päpste und andere kirchliche Dokumente, Köln [9]2007.

seit der Enzyklika *Rerum novarum* von Papst Leo XIII. im Jahre 1891 erschienen sind. In *Rerum novarum* setzt sich der Papst mit der *sozialen Frage*, d. h. den neuen gesellschaftlichen Entwicklungen im Gefolge der politischen Umwälzungen, aber vor allem der wirtschaftlichen Entwicklung in Europa auseinander. Die offizielle katholische Kirche reagiert auf diese *neuen* Entwicklungen jedoch eher spät. An der Kirchenbasis waren die veränderten gesellschaftlichen Bedingungen seit der Aufklärung, der Französischen Revolution sowie in der Schweiz seit dem Sonderbund und der Entwicklung des Bundesstaates immer wieder ein wichtiges Thema. Dieser Blick auf die historische Entwicklung macht aber auch deutlich, dass die katholische Soziallehre nicht einfach eine kirchenamtliche Stellungnahme und Beurteilung des Zeitgeschehens darstellt – auch wenn nicht von der Hand zu weisen ist, dass die Enzykliken und Verlautbarungen lokaler Bischofskonferenzen manchmal diesen Eindruck hinterlassen –, sondern im Zusammenspiel von Kirchenbasis, akademischer Reflexion und kirchlicher Autorität gesehen werden muss.[3] Dies kann etwa daran abgelesen werden, dass in vielen Pfarreien bereits lange vor dem Erscheinen von *Rerum novarum* soziale und gesellschaftspolitisch engagierte Seelsorger und Laien, Männer und Frauen in der Nachbarschaftshilfe und darüber hinaus aktiv waren.[4] Unbestreitbar bleibt jedoch, dass die Enzyklika *Rerum novarum* in vielen Kreisen einen grossen Schub an Innovation auslöste und zur Gründung zahlreicher Vereine und schliesslich 1899 auch der KAB (Katholische Arbeiterbewegung) führte.[5]

---

3 Vgl. Mattioli 1995, Anzenbacher 1998: 128ff. Auch die Entstehung des «*Wort der Kirchen: Miteinander in die Zukunft*» im Rahmen der Ökumenischen Konsultation «*Welche Zukunft wollen wir?*» der Schweizer Bischofskonferenz und des Schweizerischen Evangelischen Kirchenbundes (1998–2001) widerspiegelte das Ineinandergreifen von Kirchenbasis, Kirchenleitung und theologischem Fachwissen.

4 Als markantes Beispiel gilt etwa Bischof Ketteler in Deutschland; doch auch in der Schweiz wirkten zahlreiche Pius- und Arbeitervereine. Die Gründung der Gesellenvereine und das Wirken Adolph Kolpings fallen ebenfalls in diese Zeit.

5 Vgl. Johann Baptist Jung, der durch *Rerum novarum* massgeblich in seiner Arbeit motiviert und bestärkt wurde (Scherrer 1953: 5; KAB

2 Engagement vor Ort

Mit der Niederlage im Sonderbundskrieg von 1847 hatten die Katholiken politisch im neuen Staat kaum mehr etwas zu sagen.[6] Sie befanden sich in einer diskriminierenden Situation und entschieden sich schliesslich, die neue Versammlungsfreiheit und die Möglichkeit, Vereine zu gründen, zu nutzen, um sich gesellschaftlichen und politischen Einfluss zu verschaffen. Daraus entstand schliesslich das sog. *katholische Milieu* (Altermatt), das erst in den 60er Jahren des 20. Jahrhunderts sich langsam aufzulösen begann, dessen Nachwehen wir aber vor allem in der Diskussion um das C der CVP noch immer mitverfolgen können.

In der Stadt Zürich waren um 1850 lediglich 6,6 Prozent der Bevölkerung katholisch. Es war in der zweiten Hälfte des 19. Jahrhunderts die Industrialisierung, die eine starke Zunahme der katholischen Bevölkerung mit sich brachte – nicht zuletzt dank der Neuregelung der Niederlassungsfreiheit.[7] Die Katholiken bildeten aber nicht nur zahlenmässig eine Minderheit, sondern waren auch gesellschaftlich an den Rand gedrängt: «Katholisch war eben etwas Andersartiges, ja Kurioses und Exotisches.»[8] So bestand Katholisch-Zürich am Ende des 19. Jahrhunderts zum überwiegenden Teil aus Arbeitern und Hausangestellten. Diese waren in der Regel Einwanderer – nicht nur aus der Ost- oder Innerschweiz. Doch auch wenn die Katholiken mit wenigen Ausnahmen Arbeiter waren, waren lange nicht alle Arbeiter in Zürich katholisch. So sahen sich die Katholiken häufig doppelt diskriminiert: als Katholiken und als Arbeiter.

Ein Blick auf die Anfänge der Katholischen Arbeiter-Bewegung (KAB) zeigt, dass diese Vereine oft aus der ganz konkreten Nachbarschaftshilfe entstanden. Nahrungsmittel- und Kohleverkauf an die Mitglieder bildeten die lebensnahe Grundlage für das soziale Engagement. Bis heute ist diese Alltagsnähe für viele KAB-Mitglieder ein wichtiger Grund des Mitmachens. Die soziale Not ist

Schweiz 1999, Heft 1: 5). Heute nennt sich die KAB «Katholische Arbeitnehmerinnen- und Arbeitnehmer-Bewegung».
6 Altermatt 1989: 133ff.
7 Altermatt 1989: 181.
8 Altermatt 1989: 182.

zwar nicht mehr zwingend vor der Haustüre zu finden, dafür kann über das von der KAB mitgetragene Hilfswerk *Brücke - Le Pont* wichtige Hilfe für Menschen in benachteiligten Gebieten und Ländern geleistet werden. Geblieben ist aber auch der hohe Stellenwert des Zusammenseins, des gemeinsamen Feierns und gemütlichen Austausches bei Vereinsanlässen oder gemeinsamen Reisen.[9]

3 Treibende Köpfe

Mit *Rerum novarum* machte die Kirche sichtbar, dass die Not von Einzelnen nicht allein individuell behoben werden kann, sondern dass es sich bei der sozialen Frage um eine strukturelle Angelegenheit handelt, nämlich um die Frage: Wie verträgt sich der Sozialismus bzw. der Kapitalismus mit christlichen Grundwerten? Die Entwicklung der katholischen Soziallehre ging dabei nicht einheitliche Wege. Strömungen, die die Moderne begrüssten und sie *humanisieren* wollten, standen neben solchen, die am liebsten zu voraufklärerischen und vorrevolutionären Wirtschaftsformen zurückkehren wollten (etwa die *Union de Fribourg*[10]). Unbestritten ist, dass die Entwicklung der Arbeiterbewegung in Zürich ohne markante und initiative (Priester-)Persönlichkeiten kaum möglich gewesen wäre.

Die Initiative für die Gründung von KAB-Sektionen in Zürich ging von St. Gallen aus. Dort hat die Katholische Arbeiterbewegung ihren Anfang genommen. Die Enzyklika *Rerum novarum* vermittelte einigen jungen Priestern und Vikaren den Impuls und gab ihnen das geistige und intellektuelle Rüstzeug, um ihr soziales Engagement und ihre politische Wachheit mit den Grundlagen des Glaubens und der theologischen Ethik zu verbinden. Als 1904 Johann Baptist Jung – gestützt und mitgetragen von seinem Bischof Augustin Egger – aus St. Gallen nach Zürich kam, um die Zentrale für die gesamte christlich-soziale Bewegung der Schweiz zu errichten, und Alois Schweiwiler (der spätere Bischof von St. Gallen) als

---

9 Vgl. Berichte zum 50- und 75-Jahr-Jubiläum der KAB Sektion Altstetten.
10 Vgl. Mattioli 1995.

erster Arbeitersekretär amtete, wirkten hier Persönlichkeiten der Kirche mit Persönlichkeiten aus Arbeitswelt und Politik zusammen, die von klaren Vorstellungen einer gerechteren Gesellschaft geprägt waren. Sie waren davon überzeugt, dass die soziale Frage für die Zukunft und das Geschick der Kirche entscheidend ist. Welche Bedeutung *Rerum novarum* für ihr Engagement hatte, mag der folgende Ausschnitt aus einer Predigt Johann Baptist Jungs anlässlich des ersten Arbeiterkongresses am 29. August 1920 in Zürich zeigen: «Leo XIII. aber führt dich im Namen der Kirche in eine Gesellschaft, wo Natur und Vernunft, vom Geiste Gottes erleuchtet, herrschen, wo die Freiheit des Willens in dem Rahmen der Sittlichkeit garantiert ist, wo die göttliche Liebe alles erneuert, wo nach dem Willen Jesu Christi alles ein Herz und eine Seele sein soll, wo der Friede der Gesellschaft und der Nationen immer mehr befestigt wird, wo das Glück der Menschheit der Abglanz des Ewigen sein soll.»[11]

Diese führenden Köpfe der ersten Stunde der KAB sahen sich nicht nur Widerständen aus den Kreisen der *freien* Gewerkschaften und jener Arbeiter, die sie als sozialistische wahrnahmen, gegenüber, sondern hatten auch gegen Kräfte innerhalb des katholischen Vereinswesens, in denen auch Arbeiter mitmachten, anzukämpfen. Seit den Anfängen waren Vikare oder Pfarrer geistliche Begleiter, Lehrer und Präsidenten in Personalunion für diese neuen Arbeitervereine. Auch wenn sie immer mit engagierten Laien zusammenarbeiteten, übernahmen erst später die Laien die Führung der Vereine. Die Priester – seien es Pfarrer, Vikare oder Ordensleute – blieben über die ganze Zeit für die Entwicklung der KAB zentrale Figuren. Immer wieder verstanden sie es, die Leute zu motivieren. Eine zentrale Aufgabe sahen sie darin, die soziale Lage der Arbeiter durch Bildung, politisches Lobbying und andere Formen der Einflussnahme zu verbessern. Soziale Schulungskurse, später *Soziales Seminar* und andere Bildungsanlässe gehörten und gehören bis heute zu den Kernaufgaben der KAB. Aber auch zu den christlichen Gewerkschaften (CNG, heute travail.suisse) entwickelte und pflegt die KAB über die Christlich-soziale Bewegung (heute: Union der Christlich-Sozialen UCS) inhaltliche Verbindungen.

11 Scheiwiler 1922: 20.

Ein Blick in die Geschichte der KAB Zürich Altstetten zeigt zudem, dass sich diese Priester nicht scheuten, die Dinge handfest beim Namen zu nennen. Diplomatie war nicht in jedem Fall ihre Stärke, und sie machten sich nicht in allen Kreisen Freunde. Bedeutend war, dass die Inhalte der katholischen Soziallehre an *Köpfen* festgemacht werden konnten und für die Mitglieder der KAB so auch ein Gegenüber bekamen.

Nach dem Zweiten Weltkrieg und dem wirtschaftlichen Aufschwung sahen viele ihre Ziele im sich entwickelnden Sozialstaat weitgehend erreicht. Die Bildungsarbeit verlagerte sich im Gefolge von Konzil und Synode 72 immer stärker auf den innerkirchlichen Bereich. Dort sind KAB-Sektionen bis heute wertvollste Hilfskräfte bei Pfarrei-Anlässen. Aber die KAB meldet sich bis heute auch sonst bei innerkirchlichen Angelegenheiten zu Wort. Sie hat engagiert und vielfältig bei der Ökumenischen Konsultation und in der Umsetzung des *Wortes der Kirchen* mitgeholfen und hat z. B. auch die *Luzerner Erklärung* zugunsten des Frauenpriestertums und der Abschaffung des Priesterzölibats unterschrieben.

Politisch standen die KAB-Leute im Gefolge von *Rerum novarum* sowohl dem Sozialismus wie dem Kapitalismus kritisch bis ablehnend gegenüber. Dies war für Gewerkschafter noch bis weit in die 50er Jahre hinein zentral. Und je nach Ausgangslage musste man, um eine Stelle zu bekommen oder zu behalten, zum Beispiel bei der Post, in beiden Gewerkschaften («Rot» und «Gelb») mitmachen.[12] So kam es, dass durch Bildungsanlässe, Gespräche und Lektüre zur sozialen Frage – nicht nur der offiziellen Enzykliken –, die Arbeitenden der KAB in ihrem Verein bzw. Verband von Beginn weg ein gerüttelt Mass an Erwachsenenbildung mitbekamen. Dahinter steckte die Überzeugung, dass ohne Bildung gesellschaftliches Engagement leer wird – auch wenn in den Anfängen die Sorge, dass keine *Seelen* zum Feind überlaufen oder gar von Gott abfallen, weit grösser und ein vorrangiges Motiv des Handelns war. Die treibenden Köpfe der KAB sahen in der Verbindung von sozialem Engagement, Spiritualität und Bildung

12 Das erzählte mir ein engagiertes KAB-Mitglied jener Tage im Gespräch zur Vorbereitung dieses Tagungsbeitrags.

den besten Weg, der sozialen Frage auf der Basis des christlichen Glaubens eine adäquate Antwort geben zu können.

4 Tragende Gedankenwelt

Die Orientierung an *Rerum novarum* und an Papst Leo XIII. bringt unter anderem zum Ausdruck, wie zentral für die KAB das politische Engagement für gerechtere Wirtschaftsverhältnisse in eine ganz bestimmte Weltanschauung und in einen konkreten Glauben und eine gelebte Spiritualität eingebunden ist. War in den Anfängen der Rückbezug auf den Glauben häufig eine Abwehrreaktion und oft auch motiviert durch die Absicht, die Zustände vor 1800 wieder herzustellen oder das eigene Milieu abzusichern, entwickelte sich daraus allmählich doch eine Haltung, die immer wieder auf die ideologischen und quasi-religiösen Elemente im Sozialismus und Kommunismus und ebenso im Kapitalismus hinwies. Damit verbunden ist die Überzeugung, dass hinter allen politischen wie wirtschaftlichen Positionen letztlich ein *Glaube* steht, und dass damit irgendeinem *Gott* gedient wird. Gleichzeitig ermöglichten die zentralen Texte der katholischen Soziallehre durch ihre Verankerung im Naturrecht eine Auseinandersetzung mit den Gedankengebäuden der Zeit auf der Basis der Vernunft. Denn das Naturrecht wurde nicht so sehr als *ewiges Gesetz* verstanden, sondern betonte die gemeinsame Ausgangslage ethischer Reflexion in der menschlichen Vernunft. Dies ermöglichte auch kirchenkritischen Menschen und jenen, die sich nicht auf den christlichen Gauben festlegen konnten oder wollten, die Forderungen und insbesondere die Prinzipien der katholischen Soziallehre (Personalitätsprinzip, Solidaritätsprinzip, Gemeinwohlprinzip, Subsidiaritätsprinzip) als vernünftig anzuerkennen und in den politischen Gestaltungsprozess einzubeziehen.[13]

Mit der Zeit kam es jedoch zu einer *Aufgabenteilung* innerhalb der christlich-sozialen Bewegung: Den christlichen Gewerkschaften und den christlichen bzw. christlich-sozialen Parteien

---

13 Eine solche Lesart liegt etwa bei der Ausgestaltung der Internationalen Arbeitsnormen der ILO durchaus nahe.

oblag die politische und gesellschaftsgestaltende Aufgabe, der KAB die *geistliche* Aufgabe. Damit ist eine Verbindung auseinander gefallen, die angesichts der Herausforderungen der Gegenwart wieder neu geknüpft werden sollte.[14] Denn Sinnfragen sind nach der Auflösung des katholischen Milieus in den letzten 40 Jahren und nach dem Mauerfall von 1989 und einer seither vorherrschend lediglich an ökonomischen Prinzipien ausgerichteten Wirtschaft und Politik wieder wichtiger geworden.

5   Impulse für die Zukunft

5.1 Die neue soziale Frage

Die *soziale Frage* stellt sich heute neu. Die Errungenschaften des Sozialstaats sind keineswegs in Stein gemeisselt. Diskussionen und Abstimmungen zur Invalidenversicherung, zum Arbeitsgesetz, aber auch die Realität der *Working poor* oder die Diskussionen um Managergehälter, die sich ausweitende Lohnschere oder die zu beobachtende Tendenz, ethische Fragen durch die Rechtsprechung zu lösen,[15] zeigen, dass die Vorstellungen von gerechter Gesellschaft eher auseinanderdriften als sich näher kommen. Wie vor gut hundert Jahren nehmen auch die Kirchen – als Institution

14 Als Versuch in diese Richtung darf die Lancierung der Publikation *perspe©tive* der Union der Christlich-Sozialen (UCS – vormals CSB, Christlich-soziale Bewegung) gelten. In Anwendung der – vor allem innerhalb der KAB erarbeiteten und gepflegten – Methode des ethischen Dreischrittes Sehen-Urteilen-Handeln soll zu gesellschaftlich aktuellen Fragen eine Diskussionsgrundlage erarbeitet werden, auf der Grundlage des christlichen Menschenbildes und der Prinzipien der katholischen Soziallehre. Ähnlich arbeitet auch der *Treffpunkt*, die Verbandszeitung der KAB.

15 Paradigmatisch mag dafür im Frühjahr 2007 der Prozess gegen Exponenten des Managements der ehemaligen Swissair Group gelten. Unabhängig davon, ob ein strafrechtlich relevantes Verfehlen vorliegt (zum Zeitpunkt der Abfassung dieses Beitrags ist das Urteil noch nicht veröffentlicht), zeigt die öffentliche Wahrnehmung und Berichterstattung, wie sehr der Rechtsprechung Aufgaben der Ethik zugedacht werden.

und durch ihre Vertreterinnen und Vertreter – dazu Stellung, und es wird sich zeigen, welche Kirche auf diese neue soziale Frage jene Antwort und jenes Engagement findet, die der Botschaft des Evangeliums und der kirchlichen Tradition, wie sie für die katholische Kirche in den Prinzipien der Soziallehre enthalten sind, gerecht wird. Viele KAB-Frauen und -Männer betrachten die Entwicklung mit Sorgen. Doch infolge ihres Alters (viele sind pensioniert) sehen sie oft keine konkreten Handlungsmöglichkeiten mehr oder sind zu müde, um nochmals in die politischen Diskussionen einzugreifen. Gleichwohl sind da und dort neue Aufbrüche – wenn auch kleine – festzustellen. Sie finden im nachbarschaftlichen Rahmen, innerhalb von Sektionen oder auf Pfarreiebene statt. Viele geschehen auch ausserhalb der gängigen Muster und Strukturen.

Die neue soziale Frage weist aber noch in eine andere Richtung: Viele Menschen spüren, gerade weil sie oft in materieller Hinsicht keine Armut zu beklagen oder zu befürchten haben, eine innere Leere bezüglich der Sinnfrage. Diese ganz andere Form von Armut äussert sich in Fatalismus oder in der Organisation von kleinen abgeschlossenen *heilen* Welten, die im Extremfall zu einer vollständigen Trennung von Lebensbereichen oder auch von Leben und Arbeit[16] führen können. Die neue soziale Frage ist aber auch eine Chance und Herausforderung, den christlichen Glauben in seiner Weltbezogenheit und seiner gesellschaftlichen Dimension hier und jetzt zur Sprache zu bringen und damit nicht nur an die Erfahrungen früherer Generationen zu erinnern, son-

---

16 Die aktuelle Diskussion um die *Work-Life-Balance* hat vor diesem Hintergrund eine durchaus problematische Seite, weil sie von einer Trennung zwischen Leben und Arbeiten ausgeht. Nicht nur vor dem Hintergrund der Aussagen der katholischen Soziallehre (vgl. v. a. *Laborem exercens* von Johannes Paul II. [1981]), sondern auch vor dem Hintergrund der alltäglichen Erfahrungen von Menschen, die von Erwerbslosigkeit oder Sinnmangel ihrer Arbeit betroffen sind, scheint eine Trennung von *Leben* und *Arbeiten* letztlich nicht human zu sein. Es sollte also nicht um eine Balance zweier unterschiedlicher Grössen gehen, sondern gerade darum, diese getrennten Bereiche unter dem Primat erfüllten Lebens zu einem Miteinander zu formen (vgl. Joh 10,10).

dern diese einem kreativen Übersetzungsprozess zu unterwerfen, der zu einem neuen Engagement führt.

5.2 Neue Persönlichkeiten

In unserer von Medienpräsenz und -konsum geprägten Zeit stellt sich auch für die Kirchen die wichtige Frage, wie sie einerseits ihre soziale Botschaft den Menschen näher bringen und andererseits den Dialog zwischen Basis, theologischem Fachwissen und Kirchenführung pflegen. Noch immer gibt es viele Seelsorgende, denen die soziale Frage ein Anliegen ist, doch noch mehr Seelsorgende konzentrieren sich heute auf Sakramente, Kasualien und Einzelseelsorge. Politische Fragen und vor allem Stellungnahmen in Predigten oder Artikeln klammern viele aus, teilweise aus Angst, teilweise weil sie als Ausländer*innen* die Verhältnisse bei uns zu wenig kennen, und teilweise weil sie in ihrer Ausbildung kaum etwas von der Soziallehre der Kirche gehört haben. Jedenfalls läuft die Kirche da und dort Gefahr, durch ihr Schweigen die bestehenden Zustände zu sanktionieren und ihrem Auftrag, in der Nachfolge Jesu die Option der Benachteiligten zu ergreifen, zu wenig Nachdruck und Aufmerksamkeit zu verleihen. Die in langen politischen Kämpfen errungenen gesellschaftlichen Positionen dürfen nicht zum Ruhekissen werden, sondern stellen die Frage nach dem notwendigen Einsatz angesichts der neuen sozialen Frage noch in verschärfter Form.

Die Frage nach den *Köpfen* kann aber auch als eine Frage nach den Autoritäten gelesen werden. Denn zu einem gesunden Handeln im Sinne des christlichen Glaubens gehört auch die Frage nach den Autoritäten. Ob die bisherigen Texte der Soziallehre ausreichen? Ich bin nicht sicher. Denn die Stellung der Frau in der Gesellschaft, die Problematik der Finanzströme, der Globalisierung oder auch der Umwelt warten weiterhin auf eine vertiefte Analyse aus dem Blick der biblisch-christlichen Sicht.

Dass sich die Kirche und ihre Vertreterinnen und Vertreter nicht von diesen Fragen ausnehmen, macht das Wort der Kirchen *Miteinander in die Zukunft* aus dem Jahre 2001 deutlich, in dem sie klare Selbstverpflichtungen formulierten. Die Umsetzung ist um einiges schwieriger.

5.3 Neu erinnerte Denkhilfen

Die letzte Sozialenzyklika, die sich im engeren Sinn ausführlich der sozialen Frage widmete, liegt 16 Jahre zurück (*Centesimus annus* 1991). Für die Schweiz ist das Wort der Kirchen *Miteinander in die Zukunft* zusammen mit der vorausgehenden *Ökumenischen Konsultation* (1998–2001) ein wichtiger Orientierungspunkt. Mit dem *Kompendium der Soziallehre der Kirche* lieferte der Päpstliche Rat *Iustitia et Pax* im Jahre 2004 (deutsch 2006) eine Zusammenschau. Darin finden sich viele Zitate und Zusammenfassungen aus allen bedeutsamen lehramtlichen Texten zur gesellschaftlichen Entwicklung seit 1891. Auch greift das Kompendium viele neue Themen auf, die in der bisherigen kirchlichen Verkündigung nicht oder nur am Rande aufschienen.[17] Hingegen reicht der knappe Platz des Kompendiums nicht aus, um die aufgeworfenen Fragen in einer sachbezogenen Analyse angemessen zu würdigen. Dadurch droht das Werk selbstreferentiell zu werden und der Ansicht Vorschub zu leisten, das Kompendium wolle sozusagen als *Sozialkatechismus* mit der Soziallehre der Kirche Glaubenswahrheiten oder dogmatische Aussagen vermitteln.

In diesem Zusammenhang zeigen sich sowohl Stärken wie auch Schwächen der intensiveren theologischen Reflexion in den drei Sozialenzykliken von Papst Johannes Paul II. (*Laborem exercens* 1981; *Sollicitudo rei socialis* 1987 und *Centesimus annus* 1991). Einerseits ist die Rückbesinnung der Soziallehre auf ihre theologischen Wurzeln eine grosse Bereicherung, weil sie erlaubt, soziales Engagement und gesellschaftsbildende Kräfte mit dem christlichen Glauben zu verbinden und für beide fruchtbar zu machen. Andererseits droht eine zu starke Rückbindung an Glaubensaussagen die Analyse wie auch die Schlussfolgerungen auf die *Binnenmoral* der Kirche zu reduzieren und damit dem Anspruch auf eine umfassende Diskussion und auf Geltung auf der Basis der Vernunft den Boden zu entziehen.

Unbesehen von dieser Glaubwürdigkeitsfrage bleibt die zentrale Herausforderung: Wie können wir die *gesellschaftlichen* Folgen des Christ*in*-Seins[18] zum Thema machen? In erster Linie sind

---

17 Vgl. die Kritik von Calvez 1999.
18 Calvez 1999: 7. Jean-Yves Calvez spricht von *implications sociales du christianisme*.

die heutigen *Glaubenssysteme* kritisch zu hinterfragen, vorrangig die Annahmen rund um das Marktverständnis im ökonomischen Denken (Ökonomismus). Gesellschaftlich relevant bleiben aber auch Fragen der Menschenrechte (Demokratie, Partizipation), der Migration, die Rollen von Frau und Mann sowie der Umgang mit Errungenschaften der Technik. So stützen sich etwa der Glaube an das medizinische Können, an die technische Machbarkeit und an die Kommunikations- und Informationsmöglichkeiten oft auf Annahmen, die Credo-ähnlich vertreten werden.

Hier gilt es in der Tradition der Soziallehre die Problemlagen vertieft und ausführlich zu analysieren, die Annahmen freizulegen und darauf hin zu prüfen, welche Impulse aus einer biblisch-christlichen Gesellschaftsgestaltung und Weltsicht eingebracht werden können. Die traditionellen Prinzipien sollen dabei nicht einfach *angewendet* werden, sondern viel mehr als Wegweiser dienen, die an die Kernpunkte christlicher Gesellschaftsbildung erinnern. Dies bedeutet, nicht nur aktuelle Themen aufzugreifen, sondern auch methodisch phantasievolle Wege zu beschreiten. Die Erarbeitung und das Einüben von Dialogformen, die mehr sind als unverbindliche Konsultationen, und das Gespräch zwischen den Religionen und ihren gesellschaftlichen Vorstellungen eines gerechten Zusammenlebens sind grosse Herausforderungen, die für Arbeit sorgen.

Zu fragen ist daher nicht nur, ob ein zukunftsfähiges ökonomisches Denken eine Herausforderung christlicher Sozialethik bleibt, sondern ebenso, ob sich die christliche Sozialethik so zukunftsfähig äussern kann, dass ökonomisches Denken nicht umhin kann, die damit angesprochene Sinnfrage in seine Reflexionen aufzunehmen.

Die Menschen in den Kirchen dürfen sich ermutigt wissen, *miteinander* die aktuellen Nöte der Menschen zu sehen, sich bewegen zu lassen und aus dem Glauben heraus zu handeln. Wenn dieses Tun ein Gesicht bekommt – *Mensch wird* –, fällt vieles leichter, und der Weihrauch wird nicht vernebeln, sondern Zeichen sein, dass Sinnfragen letztlich religiöser Natur sind. Den Weihrauch[19] hinter den *Glaubenssystemen*, die uns umgeben, zu erkennen – auch innerhalb der Kirchen –, gehört zu den grossen Herausforderungen. Dies kann gelingen, wenn wir neue Vorstel-

---

19 Vgl. Fussnote 1.

lungen und Bilder einer Zukunft zeichnen, die ähnliche Kraft entwickeln wie vor mehr als 100 Jahren. Das schliesst auch die Suche nach neuen Formen von sozialen Bewegungen ein, denn gemeinsam können andere Akzente in Wirtschaft und Politik gesetzt und da und dort vielleicht auch erkämpft und durchgesetzt werden. Die KAB hat in der Vergangenheit gezeigt, dass die Sorge um das Wohl des Einzelnen sowie die Pflege der Gemütlichkeit und der politische Kampf für Gerechtigkeit am Arbeitsplatz und darüber hinaus sich gut und erfolgreich ergänzen. Die Zeiten haben sich verändert, neue Dinge fordern uns heraus. Gemeinsam gilt es daher, getragen von der Zusage Gottes an jene, die aufbrechen, und von der Hoffnung, die beide im Kern des biblisch-christlichen Glaubens liegen, Vorstellungen über die Zukunft und das menschliche Zusammenleben zu formulieren, sie persönlich zu vertreten und miteinander umzusetzen.

Literaturhinweise

Altermatt, Urs (1972): Der Weg der Schweizer Katholiken ins Ghetto. Die Entstehungsgeschichte der nationalen Volksorganisation im Schweizer Katholizismus 1848–1919, Benziger, Zürich.

Altermatt, Urs (1989): Katholizismus und Moderne, Benziger, Zürich.

Anzenbacher, Arno (1998): Christliche Sozialethik. Einführung und Prinzipien, Schöningh, Paderborn, München, Wien, Zürich.

Bundesverband der Katholischen Arbeitnehmerbewegung Deutschlands (1992, Hrsg.): Texte zur katholischen Soziallehre. Die sozialen Rundschreiben der Päpste und andere kirchliche Dokumente, mit einer Einführung von Oswald von Nell-Breuning und Johannes Schasching, Bornheim, 8. Aufl.

Calvez, Jean-Yves (1999): Les silences de la doctrine sociale catholique. Les Editions de l'Atelier/Editions Ouvrières, Paris.

Gruner, Erich (1969): Die Parteien in der Schweiz, Francke Verlag, Bern, 103–125.

Heimbach-Steins, Marianne (2004, Hrsg.): Christliche Sozialethik. Ein Lehrbuch (2 Bde), Verlag Friedrich Pustet, Regensburg.

Hengsbach, Friedhelm et al. (1993, Hrsg.): Jenseits Katholischer Soziallehre. Neue Entwürfe christlicher Gesellschaftsethik, Patmos, Düsseldorf.

KAB Heilig Kreuz Zürich Altstetten (1957): Festschrift anlässlich der Jubiläumsfeier und Fahnenweihe zum 50jährigen Bestehen (Archiv KAB Schweiz Zürich).

Katholische Arbeitnehmerinnen- und Arbeitnehmerbewegung Schweiz (1999, Hrsg.): KAB gestern – heute – morgen. 100 Jahre KAB Schweiz. 3 Hefte zu 100 Jahre KAB Schweiz, Zürich (erhältlich bei der KAB Schweiz, Ausstellungsstrasse 21, 8031 Zürich).

Kolb, Guido J. (1988): Franz Höfliger, der Bettelprälat, Kanisius, Freiburg (CH).

Mattioli, Aram (1995): Die Union de Fribourg oder die gegenrevolutionären Wurzeln der katholischen Soziallehre, in: ders. et al. (Hrsg.): Katholizismus und «soziale Frage». Ursprünge und Auswirkungen der Enzyklika «Rerum novarum» in Deutschland, Liechtenstein, Vorarlberg und St. Gallen, Chronos, Zürich, 15–32.

Meile, Josef (1941): Dr. Alois Schweiwiler. Der soziale Bischof von St. Gallen, Verlag Leo Buchhandlung, St. Gallen.

Palaver, Wolfgang (1991, Hrsg.): Centesimo anno. 100 Jahre Katholische Soziallehre. Bilanz und Ausblick. Kulturverlag, Thaur.

Päpstlicher Rat Iustitia et Pax (2006, Hrsg.): Kompendium der Soziallehre der Kirche. Herder (Erstausgabe in Deutsch; in Englisch bereits 2004).

«Rerum novarum»: 100 Jahre später. Eine Tradition, die gefeiert, kritisch hinterfragt und weiterentwickelt werden muss. Concilium, Heft 5, 27. Jg., Oktober 1991.

Ruffieux, Roland (1966): Katholische Arbeiterbewegung in der Schweiz, in: Scholl, Herman S.: Katholische Arbeiterbewegung in Westeuropa, Eichholz-Verlag, Bonn, 357–392.

Schäfers, Michael (1998): Prophetische Kraft der kirchlichen Soziallehre? Armut, Arbeit, Eigentum und Wirtschaftskritik, Lit-Verlag, Münster, Hamburg, London.

Scheiwiler, Alois (1922): Kanonikus Johann Baptist Jung, Verlagsanstalt Buchdruckerei Konkordia, Winterthur.

Schweizer Bischofskonferenz, Schweizerischer Evangelischer Kirchenbund (2001): Miteinander in die Zukunft. Wort der Kirchen (Ökumenische Konsultation zur sozialen und wirtschaftlichen Zukunft der Schweiz), Freiburg, Bern.

Scherrer, Joseph (1953): Kanonikus Johann Baptist Jung und sein Werk, Verlag Christlichsozialer Arbeiterbund der Schweiz, St. Gallen.

Union der Christlich-Sozialen Schweiz (UCS; Hrsg.): perspe©tive, Altenrhein (www.ucs-ch.org).

Wallimann, Thomas und Grüninger, Michael (2004): Wirtschaft des Herzens, in: Treffpunkt. Christlich-soziales Magazin der KAB, Nr. 7, Juli 2004, 9–16. (download: http://www.sozialinstitut-kab.ch/text/ SIBeilage04.pdf, Stand August 2007).

Wallimann, Thomas und Weber-Gobet, Bruno (2006): Gesellschaft im Ausverkauf. Sozialethische Überlegungen zur Ökonomisierung (perspe©tive 4), hrsg. von UCS (Union der Christlich-Sozialen Schweiz), Geschäftsstelle Altenrhein, Schweiz (www.ucs-ch.org).

Wo verknüpfen sich heute die Fäden der Geschichte?

Brücken zur Praxis I

Das Symposium «Zwischen Grossmünster und Paradeplatz» versuchte in zwei Podien, Brücken zur Praxis zu schlagen. Am ersten Podium im Anschluss an die Referate von Johannes Fischer, Friedemann Voigt, Emidio Campi und Thomas Wallimann (sie sind diesem Beitrag vorangestellt) nahmen vier Personen aus Kirche, Wirtschaft und Politik teil:

Alois Bischofberger, Chefökonom der Credit Suisse Group in Zürich;

Käthi La Roche, Pfarrerin am Grossmünster in Zürich;

Martin Vollenwyder, Vorsteher des Finanzdepartementes der Stadt Zürich;

Bruno Weber-Gobet, Leiter des Bildungsinstituts ARC der Gewerkschaft Travail.Suisse in Bern[1].

Erwin Koller leitete das Gespräch und stellte vier Fragen ins Zentrum der Diskussion. Die Antworten hat er – mit Zustimmung der Teilnehmer*innen* – für dieses Buch zusammengefasst.

1 Wo und in welcher Weise kann man in der heutigen Gesellschaft Einflüsse des protestantischen Arbeitsethos und der katholischen Soziallehre wahrnehmen?

Käthi La Roche

Einflüsse des protestantischen Arbeitsethos nehme ich an mir selber wahr, mehr als mir lieb ist. Meine Mutter war ursprünglich katholisch, mein Vater reformiert; ich bin sehr reformiert erzogen worden. Als Pfarrerin hätte ich eigentlich eine gesellschaftliche

---

1 Ausführliche Angaben zu den Personen befinden sich am Schluss des Buches.

Rolle, die allein durch das Amt hinreichend Identität stiftet, ohne dass ich mich durch spezielle Leistungen legitimieren müsste. Doch das funktioniert so nicht, einerseits weil ich eine Frau bin und so den Rollenerwartungen nicht voll entsprechen kann, und andererseits weil ich durch meine reformierte Sozialisation anders kodiert bin: Ich soll in diesem Beruf Gott und den Mitmenschen und besonders der Gemeinde nützlich sein und dienen. Zumindest subjektiv fühle ich die Verpflichtung, mich durch mein Tun vor mir selber auszuweisen.

Ich hatte in jungen Jahren eine alte Frau als «Schlummermutter» (Zimmervermieterin). Sie sagte mir einmal: Pfarrerin muss man *sein*, nicht machen. Inzwischen bin ich selber älter geworden und denke, sie hatte Recht. Was mich in unserer Kirche irritiert, ist der tiefe Widerspruch: Einerseits betont man emphatisch die Gnade – also dass vor Gott nicht die Werke zählen, sondern allein, was er uns im Glauben schenkt –, andererseits aber schätzt man gleichzeitig die Dienst- und Leistungsbereitschaft moralisch hoch und wertet das Untätigsein ab. Die Wertschätzung eines Menschen hängt in unserer Kultur sehr stark vom Fleiss und vom Erfolg ab. Behinderte, Kranke, Erwerbslose, auch ältere Menschen fühlen sich oft wertlos, weil sie fürchten, anderen zur Last zu fallen. Verdienst und Verdienste sind ausschlaggebend für die Selbstvergewisserung und für die öffentliche Anerkennung einer Person. Wem es an beidem fehlt, der fühlt sich als Versager. Das steht in offensichtlichem Widerspruch zu dem, was wir glauben und verkünden. Die Frage, wie es in unserer reformierten Kultur zu diesem Widerspruch kommen konnte, beschäftigt mich nachhaltig.

Martin Vollenwyder

In der politischen Praxis spürt man Nachwirkungen jenes protestantischen Geistes viel stärker als man glaubt. In Zürich herrscht noch immer der diskrete Charme der Bourgeoisie. Privatbankiers, Unternehmerfamilien, vermögende alteingesessene Zürcher sind heute vielen nicht mehr bekannt. Sie tun Gutes, ohne darüber zu sprechen. Sie haben viel verdient und geben über oft grosse Familienstiftungen vieles zurück. Diese Leute sind von einem protestantischen Ethos geprägt, und es würde ihnen nicht einfallen, in ein Steuerparadies zu ziehen.

Bruno Weber-Gobet

In unserer christlichen Gewerkschaft spürt man den Geist der kirchlichen Soziallehre nach wie vor. Unsere Statuten orientieren sich ausdrücklich an den Werten der christlichen Sozialethik, an den Regeln der Sozialpartnerschaft und an der demokratischen Grundordnung. In der Ausbildung der Angestellten werden diese Werte vermittelt, und der geschichtliche Hintergrund wird reflektiert und argumentativ eingebracht. Die christlichen Gewerkschaften waren noch nie so stark wie heute. Sie sind langsam gewachsen, hatten lange Zeit 90'000 Mitglieder, heute sind es 160'000. In einigen Bereichen bilden sie bereits die Mehrheit der Arbeitnehmer*innen*. Sie sind also kein Auslaufmodell und haben in der Familienpolitik in jüngster Zeit einiges bewegt. Mit uns ist zu rechnen. Wir intervenieren aus der Perspektive der christlichen Sozialethik, sei es bei den Managerlöhnen, sei es in der Politik.

Alois Bischofberger

Ich stamme aus Appenzell und lebe seit mehr als 30 Jahren in Zürich. Beide Regionen haben sich in dieser Zeit markant verändert. Zürich war damals noch sehr zwinglianisch. Als Student konnte man abends um elf Uhr kein Bier mehr trinken. Heute gilt Zürich als weltbekannte Party-Stadt. Der Kanton Appenzell Innerrhoden hat noch grössere Veränderungen durchgemacht. Damals stagnierte er, heute gehört er wie die katholischen Kantone der Innerschweiz zu den Regionen, die aufholen und mit wirtschaftlich innovativen Ideen auf sich aufmerksam machen. Eine ähnliche Feststellung kann man in katholischen Bundesländern Deutschlands machen. Bayern etwa gehört zu den wirtschaftlich dynamischsten. Es wäre interessant, den Gründen für dieses Phänomen nachzugehen.

Doch auch Zürich und die hier tätigen Unternehmen sind immer noch vom Arbeitsethos geprägt, wie es vom Protestantismus ausging. Erstes Beispiel: Die Menschen kommen gerne zur Arbeit und haben Freude daran. Zweitens: Auch die Zürcher Wirtschaft ist auf Leistung hin orientiert. Drittens: Die Bildung als Investition in die Fähigkeiten der Menschen steht immer noch im Zentrum, gerade auch für unsere Bank. Wir wollen die Mitarbeiter befähigen, auf dem globalen Markt bestehen zu können. Viertens: Wir beteiligen uns an gesellschaftlichen und wirtschaftspolitischen Diskussionen und führen auch den Dialog mit den Kirchen. Es sind also nicht wenige Traditionen vorhanden, die von einem christlichen Arbeitsethos zeugen und die auch in die Leitbilder und die Codes of Conduct der Unternehmen eingeflossen sind. Verantwortungsbewusstsein, Fairness und Integrität sind einige Stichworte.

Allerdings kommt bei diesem Punkt die Globalisierung ins Spiel. Die Credit Suisse Group ist eine Bank mit weltweiter Präsenz in mehr als 50 Ländern und beschäftigt Mitarbeitende aus rund 100 Ländern, aus allen möglichen Kulturen und mit den unterschiedlichsten religiösen Hintergründen. Dementsprechend muss sich ein solches Leitbild auf ethische Grundlagen stützen, die in allen Religionen verankert sind. Dies zu leisten ist eine wichtige Aufgabe, die anknüpft an die Idee des Weltethos, wie sie Hans Küng und seine Mitarbeiter vertreten.

2 Welche Voraussetzungen haben sich grundlegend verändert?

Bruno Weber-Gobet

Früher hiessen wir *Christlich-nationaler Gewerkschaftsbund*, das war eine Marke, die Mitglieder kamen aus dem katholischen Milieu, und einwandernde Arbeiter etwa aus Italien oder Spanien fanden hier eine neue Heimat. Nach der Auflösung des katholischen Milieus können wir mit *christlich* und *national* nicht mehr arbeiten, auch nicht mit *Gewerkschaft*, die Hürden für eine Mitgliedschaft wären zu hoch. Darum heissen wir nun *Travail.Suisse* und versuchen, die Leute über die Qualität unserer Dienstleistungen zu gewinnen. Wir haben damit unser Herz nicht aufgegeben. Wir legen wert darauf, dass wir ethisch argumentieren und Bezüge zu den Grundlagen herstellen, auf die wir uns verpflichtet haben.

Martin Vollenwyder

Die Auflösung der Milieus ist sehr typisch für unsere Zeit. Auch das Milieu Armee löst sich tendenziell auf. Man kann keine besondere Qualität mehr davon ableiten, dass man einer Konfession angehört oder einen militärischen Grad innehat. Diese Auflösung der Milieus hat aber zu einer eigentlichen Segregation der Bevölkerungsschichten geführt. Nach unserem Empfinden sprechen heute in der Schweiz gewisse Bevölkerungsschichten nicht mehr miteinander, sondern nur noch übereinander. Es gibt keine vertikale Integration mehr. In Kreisen, die nicht so viel verdienen, spricht man über jene Kreise, die viel verdienen. Umgekehrt entwickeln jene, die viel verdienen, Vorstellungen, wie die Sozialleistungen zu gestalten wären. Auf beiden Seiten tut man es ohne konkrete Erfahrung. Hier liegt meiner Ansicht nach eine Aufgabe der Religionen, dass sie die Menschen zusammenführen, so dass sie – wie bei einem solchen Symposium – wieder miteinander sprechen, über alle Gräben hinweg. Nur wenn man sich mit anderen Positionen wirklich auseinandersetzt, bildet man sich auch weiter. Aus unserer Erziehung – sei sie katholisch oder reformiert oder jüdisch oder wie immer – haben wir ein tiefes Bedürfnis, uns von einem Gemeinschaftsgefühl getragen zu wissen und eine Heimat zu haben. Wo dies nicht mehr funktioniert, entstehen neue Gemeinschaften. Und kaum sind die Leute aus der Kirche ausgetreten, suchen sie in Sekten ihre nächste Heimat.

Käthi La Roche

Aus meiner Sicht hat sich erstens geändert, dass die Reichen und Erfolgreichen keine Hemmungen mehr haben, ihren Reichtum zu zeigen, und zwar ohne schlechtes Gewissen jenen gegenüber, die zu wenig haben. Sie verspüren keine Pflicht mehr, zumindest wohltätig zu sein (wie früher die Katholiken) oder gar für gerechtere Strukturen zu sorgen (wie ehedem die Reformierten). Diese Veränderung hat wohl mit der zunehmenden religiösen Indifferenz zu tun. Für die meisten gibt es keine kirchliche Instanz mehr, der sie Rechenschaft schuldig sind, und keine göttliche, die Gerechtigkeit oder zumindest Barmherzigkeit verlangt.

Umgekehrt aber erlebe ich heute Menschen, die zwar protestantisch geprägt und zu Leistungen bereit sind. Sie gingen gerne zur Arbeit, doch sie finden keinen Job mehr. Unserer Gesellschaft geht die Arbeit zunehmend aus. Es gibt anspruchsvolle Tätigkeiten für hoch qualifizierte Berufsleute, doch die einfachere Arbeit wird zunehmend von Maschinen erledigt oder von ausländischen Arbeitskräften, wenn sie nicht überhaupt in Billiglohnländer ausgelagert wird. So gehen viele Arbeitsplätze verloren, und wir haben immer weniger Arbeit für schlecht ausgebildete oder wenig belastbare Menschen.

Langzeiterwerbslosigkeit jedoch hat Folgen nicht nur für die Erwerbslosen, sondern auch für die Gesellschaft. Weil sich diese Menschen nicht durch Leistungen ausweisen können, erhalten sie keine öffentliche Anerkennung. Wenn es uns nicht gelingt, diese Verbindung zu entkoppeln, geht der soziale Zusammenhalt verloren. Erfolg ist andererseits kein Zeichen dafür, dass jemand zu den Gott Wohlgefälligen gehört. Wir müssen wieder lernen, dass nicht nur die produktiven und bezahlten Tätigkeiten verdienstvoll sind. Auch ein Dasein, das keine Zwecke erfüllt, macht das Leben lebenswert. Diesbezüglich müssen wir in den Kirchen unsere Haltung ändern. Wir haben lange Zeit grossen Wert auf die Arbeit gelegt, das war auch wichtig für die Emanzipation. Und spätestens seit der Enzyklika *Laborem exercens* hat auch die katholische Kirche die Arbeit normativ stark aufgeladen. In einer Gesellschaft, der die Arbeit ausgeht, müssten wir jedoch die pathischen (erduldenden, leidenden) Fähigkeiten stärken und aufwerten. Wir dürfen heute unsere Wertschätzung nicht mehr nur an der Arbeit festmachen. Die Seelsorge muss vermehrt die Person in den Vordergrund rücken. Jeder Mensch ist ein Ebenbild Gottes. Da können wir von der katholischen Soziallehre einiges lernen.

Alois Bischofberger

Eine der allergrössten Veränderungen fand durch die weltpolitischen Turbulenzen Ende der 80er, Anfang der 90er Jahre statt: Fall der Mauer, Zusammenbruch der Sowjetunion, Zerfall des Kommunismus. In wenigen Jahren kamen mehr als eine Milliarde neuer Arbeitskräfte auf den Weltmarkt. Das hat zu einer verstärkten Konkurrenz geführt. Das Umfeld ist heute ein ganz anderes als zur Zeit, als Leo XIII. *Rerum novarum* veröffentlichte und spätere Päpste die Enzykliken der Nachkriegszeit. Die Unternehmen müssen sich in einem kompetitiven Umfeld bewegen, die Märkte sind international ausgerichtet. Das sind tief greifende Veränderungen, die das Leben für die wenig Qualifizierten schwieriger machen. Das erfordert Anstrengungen in der Bildungspolitik, in der Förderung der Schwächeren, in der Schaffung von Lehrstellen. Noch sind nicht alle Mittel ausgeschöpft. Eine interessante Initiative mit Namen *Speranza* versucht, jungen Menschen mit geringeren intellektuellen Fähigkeiten niedrigschwellige Lehren anzubieten. Hier könnten auch die Kirchen eine Rolle spielen, zumindest in der Diskussion dieser Fragen und im Wecken des Verständnisses für die Probleme, welche durch die Wissensgesellschaft entstanden sind. Einen Punkt sehe ich allerdings anders als Käthi La Roche: Die Arbeit geht uns nicht aus, sie nimmt andere Formen an.

3 Gibt es religiöse Phänomene anderer Art, welche heute die Wirtschaft beeinflussen? Und gibt es umgekehrt einen Einfluss des ökonomischen Denkens auf die Kirchen?

Alois Bischofberger

Es kommt zu einer neuen Betonung ethischer Werte, allerdings nicht im Sinne der Konfessionen oder religiösen Bewegungen, zu denen sich Menschen hingezogen fühlen. Die bereits genannten ethischen Prinzipien und Werte wie Nachhaltigkeit oder angemessenes ethisches Verhalten gegenüber Arbeitnehmenden, Kunden und Investoren spielen in der Wirtschaft eine zentrale Rolle.

Martin Vollenwyder

Politisch werden mit religiösen Motiven und Symbolen oft Ängste geschürt. Man spricht über Minarette, auch wenn keine Baugesuche vorliegen. Man pflegt eine Angstkultur, um eigene Lösungen verkaufen zu können. Die Wirkungen sind politisch nicht zu unterschätzen, gerade bei Menschen, die in Existenznot sind. Bedrängte sind zugänglich für Rattenfänger, das wissen wir aus der Geschichte. Diese Tendenz macht mir Sorgen, es ist ein Spiel mit der Angst, um Macht zu gewinnen. In einer Stadt wie Zürich merkt man das sehr früh, Städte sind dank ihrer Anonymität und ihrer Funktion als Schmelztiegel ohnehin Vorwarninstrumente der Gesellschaft. Gegen fremdenfeindliches Verhalten muss man Gegensteuer geben, gerade auch aus christlicher Überzeugung.

Käthi La Roche

Es gibt einen Einfluss des ökonomischen Denkens auf die Kirchen und Religionen. Kirchen sprechen von ihrem *Kerngeschäft*, verstehen sich als *religiöser Dienstleistungsbetrieb*, wollen *ihr Produkt besser verkaufen* und denken über entsprechende *Marketingstrategien* nach. Offensichtlich haben wir uns in den Kirchen der Ökonomisierung aller Lebensbereiche nicht entziehen können. Mich ärgert diese Sprache sehr. Natürlich müssen wir uns fragen, was die Leute brauchen. Aber die Kirche ist nicht ein Unternehmen, das sich nach Kundenbedürfnissen ausrichten muss. Ein Unternehmen, das nicht prosperiert, geht unter. Die Kirche ist etwas anderes. Gewiss braucht sie Steuern, aber sie muss nicht unbedingt so reich sein, wie die unsere noch ist. Solange wir den Paradeplatz noch haben, also die Steuergelder der juristischen Personen, sind wir eine reiche Kirche. Und ich möchte nicht, dass sich die Kirche wegen dieser Steuern oder der Abgeltung historischer Rechtstitel ständig rechtfertigen muss durch Leistungen im Bildungsbereich, im Sozialbereich oder in der Traditions- und Wertevermittlung.

Die Hauptaufgabe der Kirchen ist eine andere: Sie sollen Gottes Wort verkünden, die Menschen zum Glauben führen und ihnen eine spirituelle Orientierung geben. Sie sollen einen Raum öffnen, wo Menschen sich begegnen und wo sie das Heilige erfahren können. Diese Aufgabe kann kein Sozialamt und keine Erziehungsdirektion übernehmen. Alles Weitere folgt daraus. Wir sind gefordert zu überlegen, wie wir diesen Auftrag unter den Bedingungen unserer Zeit möglichst gut wahrnehmen. Die Konjunktur des Religiösen führt dazu, dass die Leute religiöser werden und weniger kirchlich sind. Trotzdem werden die Fragen nach der ethischen Relevanz dessen, was wir glauben, in den kirchlichen Institutionen gestellt und nicht in irgendwelchen religiös geschmückten Clubs. Diese Aufgabe sollten wir selbstbewusster wahrnehmen.

4 Welches ist mit Blick auf die Zukunft die wichtigste Herausforderung, der sich die christliche Soziallehre heute zu stellen hat?

Bruno Weber-Gobet

Wir müssen miteinander über das Gemeinwohl reden. Das ist das zentrale Thema in der Schweiz, in Europa und weltweit. Wie gehen wir mit dem Gemeinwohl um?

Martin Vollenwyder

Die Freude an der Arbeit hat damit zu tun, dass die Leute den Sinn ihrer Arbeit sehen. Wenn wir Arbeit durch Maschinen ersetzen, müssen wir darüber reden und den Leuten andere Arbeit geben. Auch ein falsches Bildungsverständnis – etwa wenn man für Hortleiterinnen eine Matura (Abitur) verlangt – kann in der Konsequenz Arbeitsplätze vernichten, denn eine Mutter ist erfahren genug, um einen Mittagstisch zu betreuen. Das Gemeinwohl und die Sinnfrage gehören eng zusammen. Das zu erhellen ist eine wichtige Funktion der Religionen.

Alois Bischofberger

Für mich stehen der demographische Wandel und dessen Konsequenzen für Gesellschaft, Wirtschaft und Kirchen im Vordergrund. Alle anderen Themen hängen damit zusammen: Immigration, Bildung, Steuereinnahmen, Sozialpolitik.

Käthi La Roche

Es ist wichtig, dass wir die Arbeit würdigen. Der arbeitende Mensch leistet einen wichtigen Dienst, einen Gottesdienst und einen Dienst an der Gemeinschaft, unabhängig davon, ob er Professor, Tramwagenführer oder Hausfrau ist. Arbeit ist nicht nur Mühe und Plage und ein notwendiges Übel – das ist sie manchmal auch, nur schon um die Existenz zu sichern. Doch die Arbeit hat eine besondere Würde von da her, dass wir mit ihr ein Stück Welt gestalten und an Gottes Schöpfungswerk teilhaben.

Ein Zweites ist aber ebenso unabdingbar: eine neue Wertschätzung des Seins gegenüber dem Tun. Schlafen, Nichtstun, Spielen, Feiern und auch Beten sind Formen existenziellen Daseins, die noch *menschlicher* und sogar *göttlicher* sind als das Tun. «Am siebten Tage sollst du ruhen» (Ex 34,21).

Ruedi Reich

Christliche Wirtschaftsethik – Aufgabe der Kirche

Überlegungen auf dem Hintergrund der Zürcher Reformation

Mit Bezug auf den Titel des Symposiums könnte man zunächst augenzwinkernd feststellen: Nach 200 Jahren Toleranz situieren sich die Zürcher Katholiken *Zwischen Grossmünster und Paradeplatz*, und damit an komfortabler Lage, jedenfalls viel näher beim Paradeplatz als beim Grossmünster. Der nachdenkliche Protestant kann beruhigt sein: Katholische Ansprüche gehen also, entgegen anders lautenden Gerüchten, nicht aufs Grossmünster, sondern auf den Paradeplatz.

Und nun soll es also Aufgabe des Kirchenratspräsidenten sein, in der Nachfolge Huldrych Zwinglis den schon fast in den Paradeplatz integrierten Katholiken und den Protestanten, die sich schon länger dort angesiedelt haben, die Botschaft des Grossmünsters, die sozialpolitische Predigt des Reformators in Erinnerung zu rufen. Die aktuelle Bedeutung des gesellschaftspolitischen Konzepts Zwinglis muss dabei nicht angestrengt herbeigeredet werden. Sie ergibt sich wie von selbst aus dem Nacherzählen und Bedenken der sozial-politischen Akzente der Zürcher Reformation. Das Grossmünster wird so zum Symbol dieser Gegenwartrelevanz reformatorischen Denkens und Handelns. So jedenfalls verstehe ich den Titel dieses Symposiums *Zwischen Grossmünster und Paradeplatz*.

Aber das Grossmünster steht nicht nur für fünfhundert Jahre Reformation, sondern auch für tausend Jahre ungeteilte Kirche. Zwinglis sozialpolitisches Engagement war nicht einfach seine Erfindung. Es ist nur zu verstehen von seinem biblischen, besonders alttestamentlich-prophetischen Hintergrund her. Und das neutestamentlich-paulinische *Haben als hätten wir nicht* hat den Reformator genauso bewegt wie das griechisch-römische Naturrechtsdenken. Mittelalterliche Skepsis materiellen Gütern gegenüber verband sich bei ihm mit humanistischer Distanz zu äusserem Reichtum. Zwinglis sozialpolitische Position setzt darum

77

zwar besondere Akzente, gehört aber hinein in die gesamte abendländisch-christliche und humanistische Tradition.

Christliche Wirtschaftsethik – Aufgabe der Kirche? Hinter diese Stichworte hätte Zwingli kein Fragezeichen gesetzt. Es war für ihn klar, dass soziale und wirtschaftliche Fragen mit christlichem Glauben zu tun haben. Das Elend des Söldnerwesens hat ihn stark beschäftigt. Ich bedaure es darum, dass im Zusammenhang mit dem Jubiläum der päpstlichen Schweizergarde die unselige Verbindung von Religion, Geld und Macht sowie das Elend auch päpstlicher Söldner und ihrer Familien nicht thematisiert wurden. Auf diesen Aspekt des Renaissance-Papsttums, der zur Gründung der Garde geführt hat, hat die Zürcher Reformation aber aus tiefer evangelischer Überzeugung unentwegt hingewiesen. Aber auch Leibeigenschaft, Wirtschaftsmonopole, ungerechtes Zehntenwesen, Armenfürsorge, Reform des Spitalwesens und nicht zuletzt Bildungs- und Schulfragen haben den Reformator umgetrieben. Wenn ihm die Befürworter einer fein säuberlichen Trennung von Glauben und Politik zuriefen: «Was gat das das Evangelium an?», so erhielten sie die barsche Antwort: «Vil, per omnem modum – Viel, in jeder Hinsicht!»

Aber Zwingli ging bei all diesen Fragen nicht theologisch-dozierend und deduzierend vor, sondern wies sich durch eine beachtliche Sachkunde aus und nahm zu konkreten wirtschaftlichen und sozialen Problemen Stellung. Nicht einfach die protestantische Arbeitsethik wurde hier erfunden, sondern die sozialen, wirtschaftlichen und politischen Spannungen insgesamt wurden angesprochen.

Zwingli hat sich diesen Fragen als gläubiger Realist gestellt. Als Gläubiger ging er davon aus, dass auch soziale, politische und wirtschaftliche Verhältnisse im Sinne der Grundwerte des Evangeliums gestaltet und umgestaltet werden müssen. Hier vertraute Zwingli auf die göttliche Gerechtigkeit, die er nicht als unerreichbares göttliches Gesetz verstand, sondern als Welt und Menschen verändernde Kraft. Der Glaube an diese Dynamik der im Wort der Heiligen Schrift offenbarten göttlichen Gerechtigkeit hat den Reformator zutiefst geprägt. Es ist das eigentliche Movens seines Denkens und Handelns.

Als Realist wusste Zwingli um das Gewicht des Faktischen, auch um Sachzwänge, um das Einhalten von Verträgen, um die

Bedeutung der Eigentumsgarantie. Dabei war ihm auch die Härte, ja manchmal Menschenwidrigkeit wirtschaftlicher Zwänge bewusst. Als Realist bejahte er die relative Berechtigung dieser menschlichen Gerechtigkeit. Als gläubiger Realist ermutigte er aber die Verantwortlichen, die menschliche Gerechtigkeit, auch die Sozial- und Wirtschaftsordnung, schrittweise der göttlichen Gerechtigkeit anzugleichen. Der eigentliche Motor aller Veränderung ist und bleibt aber Gottes wirkungsmächtiges Wort. Am Schluss des Vorwortes zur Zürcher Bibel von 1531 fordert der Reformator darum dazu auf, die Bibel «fleyssig zelaesen, damit das Reych Christi allenhalb ufgange und zuonemme und die Welt gebesseret und fromm werde».

Zwingli ordnete nicht etwa im mittelalterlichen Sinn die göttliche Gerechtigkeit der Kirche und die menschliche Gerechtigkeit der Welt zu. Das Evangelium hat es immer mit der ganzen Wirklichkeit zu tun. Wirtschaftliche Verhältnisse dürfen darum der Kirche nicht gleichgültig sein. Die Subjekte wirtschaftlichen Handelns sind den christlich-ethischen Grundprinzipien verpflichtet. Dies gilt auch für angemessene soziale Rahmenbedingungen, für die sich die Kirche einzusetzen hat.

Zwingli, der gläubige Realist, war sich allerdings bewusst, dass die göttliche Gerechtigkeit so, wie sie in der Bergpredigt Jesu als Magna Charta des Reiches Gottes aufleuchtet, nicht tel quel auf die wirtschaftliche und soziale Wirklichkeit angewendet werden kann. Dennoch, mit dem Hinweis auf Sachzwänge darf die Härte wirtschaftlichen Handelns nicht legitimiert werden. Zum Sachgerechten gehört immer auch, um nun einen Begriff Arthur Richs zu gebrauchen, das Menschengerechte. Zwingli geht davon aus, dass menschliche Verhältnisse, auch soziale und wirtschaftliche Gegebenheiten, immer neu nach der göttlichen Gerechtigkeit auszurichten sind. Man muss ihr «nahinfahren zum glychförmigsten dem Gebott Gottes, als es dem Menschen müglich ist»: *Nahinfahren* – nicht schwärmerisch christliche Individualethik ins Sozialethische übertragen. Die *Schnuor Christi*, um ein anderes Bild Zwinglis zu gebrauchen, kann in der Welt nicht bruchlos verwirklicht werden. Aber man soll «hinhauen bei der Schnuor Christi», sich messen lassen an ihr, sich ausrichten nach ihr.

Dies ist die Aufgabe der Kirche, allerdings nicht nur der Theologie, sondern aller Fachleute und Verantwortlichen. Sie sollen immer neu und immer stärker das Sachgerechte dem Menschengerechten, die menschliche Gerechtigkeit der göttlichen Gerechtigkeit anzunähern versuchen. Es zeigt sich hier, wie stark das sozialethische Denken von Leonhard Ragaz und die Wirtschaftsethik von Arthur Rich von genuin reformatorischen Überlegungen geprägt sind.

Diese dynamische Sicht des Reformators kann beispielhaft anhand seiner Argumentation im Hinblick auf die Eigentumsfrage gezeigt werden. Der Reformator bringt Eigentum mit Eigenliebe und Eigennutz in Beziehung und sieht in allen dreien eine Auswirkung der Sünde: Der von Gott abgefallene Mensch will sich alles zu *Eigen* machen: «Wir wellend nit andrer Menschen sin, sunder das alle Ding unser sygind.» Der Mensch reisst die Güter dieser Erde masslos an sich. Auch sein politisches Verhalten wird vom *eygnen Nutzen* diktiert, anstatt sich an *des Nächsten Nutz* zu orientieren. Darum gilt auch im wirtschaftlichen Bereich: «Das Gott uns fry gibt, das machend wir eigen!» In diesem Sinn ist Eigentum Sünde und Diebstahl, Sünde gegen Gott, der alles schenkt, Diebstahl an Gott, dem alles gehört.

Diese Überlegungen Zwinglis sind revolutionär. Aber warum tritt er von dieser Position her nicht für die Abschaffung des Privateigentums und den Kollektivismus ein? Es ist Zwinglis gläubiger Realismus, der ihn hier leitet. Für ihn steht fest, «dass uns Gott die zämengeschütten Gemeinschafft nit gebüt». Enteignung und Gütergemeinschaft sind keine realistischen Möglichkeiten, weil der Egoismus zu tief im Menschen wurzelt. Gott schützt das Privateigentum durch das Gebot «Du sollst nicht stehlen», weil damit der Krieg aller gegen alle, der permanente Streit um Eigentum, verhindert wird: «So volgt auch, dass Eigentuomb ist, obglych dasselb mit Gott nit ist.»

Der Mensch muss sich aber bewusst sein: Alles, was er hat, ist Geschenk Gottes, Gott bleibt der Besitzer auch des privaten Eigentums. Der Reformator stellt alles Eigentum unter die Forderung Gottes: «Du solt din zytlich Guot nit für din haben; du bist nur ein Schaffner darüber!»

Der *Schaffner* ist nicht Besitzer, der frei verfügt, sondern Verwalter, der nach dem Willen des Besitzers handelt. In der Mitte von Zwinglis wirtschaftsethischem Denken steht die *soziale Pflichtigkeit des Privateigentums* (Arthur Rich). Im Auftrag Gottes haben wir unser Eigentum für den sozial und wirtschaftlich Schwächeren einzusetzen.

Dies bedeutet aber nicht Wohltätigkeit im mittelalterlichen Sinn, sondern sachgerechtes Wirtschaften. Für die Obrigkeit bleibt darum die Pflicht, die menschliche Gerechtigkeit der göttlichen immer mehr *glychförmig* zu machen: Eigentum darf nicht verabsolutiert werden. Der menschliche Eigentümer ist nur *Schaffner*, Verwalter im Auftrag Gottes.

Die angesprochene Dynamik gilt nicht nur für den Eigentumsbegriff, sondern für Zwinglis ganzes sozialethisches Denken. Aus reformierter Sicht lässt sich darum festhalten: Auch im wirtschaftlichen Handeln zeigt sich die Sünde, die Selbstbezogenheit des Menschen. Aber auch wirtschaftliches Handeln ist Gottes Geschenk und Aufgabe, durch welche der Mensch seine hohe Berufung als Mandatsträger Gottes erfüllen kann. Von daher ist auch das sogenannte protestantische Arbeitsethos zu verstehen. Jedes Handeln des Menschen verpflichtet, und darum auch sein wirtschaftliches Handeln. Es verpflichtet, sich im Sinne der Botschaft Jesu für die Mitmenschen einzusetzen.

Darum ist wirtschaftliches Tun frag-würdig. Es muss immer neu in Frage gestellt werden. Allerdings nicht so – damals nicht und heute nicht –, dass die Kirche oder ihre Exponenten besserwisserisch sagen, wie alles sein sollte, sondern so, dass Menschen unterschiedlicher Verantwortung, unterschiedlicher Ausbildung, unterschiedlicher Sichtweise, sich verantwortungsvoll einsetzen für wirtschaftliche und soziale Verhältnisse, welche vor der Botschaft des Evangeliums bestehen können.

Durch alle Jahrhunderte hindurch war darum im reformierten Kontext beides wichtig: das wirtschaftliche Engagement im Sinne verantwortungsvoller Unternehmenstätigkeit und das Eintreten für soziale Gerechtigkeit und menschengerechtes Wirtschaften. So kann die Entwicklung hin zu einer von sozialer Verantwortung geprägten Gesellschaftsform als Annäherung der menschlichen an die göttliche Gerechtigkeit im Sinne Zwinglis verstanden werden.

Dieses reformierte Konzept weist durchaus auch in die Richtung, wie sie die katholische Soziallehre im 19. Jahrhundert betont und entfaltet und Personenwürde, Solidarität und Subsidiarität zu zentralen Kriterien wirtschaftlichen und politischen Handelns erklärt.

Christliche Sozial- und Wirtschaftsethik ist und bleibt eine Aufgabe der Kirche, besonders einer Kirche, die sich nicht nur beim Paradeplatz, sondern auch in der Nähe des Grossmünsters anzusiedeln gedenkt. Allerdings kann es dabei von der Reformation her nicht nur um Strukturen oder gar etatistische Vorschriften gehen. Zentral bleibt die Verantwortung des wirtschaftlichen Subjekts. Ich erinnere nochmals an den schönen Ausdruck Zwinglis, wir seien in allem nur *Schaffner*, Verwalter unserer wirtschaftlichen oder auch geistigen Gaben. Eigentümer ist Gott. Im Auftrag des Schöpfers sind wir darum auch zu nachhaltigem Umgang mit der Schöpfung verpflichtet.

Immer gilt die für christliches Denken und Handeln unlösliche Verbindung von Individualethik und Sozialethik. Zwingli spricht die Menschen darum als Verwalter der Güter Gottes, ja als Werkzeuge in Gottes Hand an, als *Gottes instrumenta*. In seiner unnachahmlichen Sprache spricht er es uns als Gabe und Aufgabe zu: «Du bist ein Werchzüg und Geschirre Gottes. Er will dich also bruchen und verschlyssen, will dich nit lassen müessiggan und verrosten. O wie glücksälig bist du, den Gott zu synem Werchzüg also berüefft und brucht!»

Peter Hasler

Ethische Prinzipien des Wirtschaftens in einem globalen Markt

Ethische Prinzipien werden in der Wirtschaft immer und überall gelebt, die Frage ist nur, welche Prinzipien gelten. Jede unternehmerische Tätigkeit wird von moralischen Normen mitbestimmt. Diese sind weltanschaulich, regional, kulturell und je nach Unternehmen unterschiedlich und werden vom Eigentümer bzw. vom Management individuell geprägt. Das kann zu überraschenden Unterschieden führen. In einzelnen Ländern ist Korruption notorisch, werden Schutzgelder bezahlt, ist jedes Geschäft schon strafrechtlich fragwürdig. In anderen Ländern ist die Korruptionsbekämpfung ein wichtiger Bestandteil öffentlicher Aufmerksamkeit, wird jede auch kleine Unregelmässigkeit bemerkt, verfolgt und sanktioniert. Die Lohnunterschiede sind je nach Region beträchtlich, die Praktiken in den Management-Etagen von Land zu Land völlig unterschiedlich. Die bekannt gewordenen Missbräuche im Bereich Managersaläre, Bestechung, Korruption etc. haben in den letzten Jahren zu einer erhöhten Aufmerksamkeit der Öffentlichkeit geführt. Dies hat wiederum die Politiker aufgeschreckt und vielerorts zu einer Rückbesinnung auf ehedem selbstverständliche sittliche Werte geführt.

Unter dem Titel *Corporate Governance* ist es heute in börsenkotierten grossen Unternehmen üblich, sich selbst auf ethische Normen zu verpflichten. Die Einrichtung eines *Compliance officers* soll demonstrieren, dass man es mit der Einhaltung gewisser Regeln ernst nimmt und notfalls vor Sanktionen nicht zurückschreckt. In der Zwischenzeit hat die Zunft der Professoren und Berater ein ganzes System von Begriffen für die ethische Fundierung unternehmerischer Tätigkeit konstruiert. Da spricht man von Corporate Social Responsibility, von Stakeholder Balance Management, von Codes of conduct, von Ethik Management Systemen, von einer Ethik-Charta oder ganz einfach von einem Unternehmenskodex. All diesen Versuchen einer unternehmerischen Reglementierung ist das Bewusstsein gemeinsam, dass ein Verstoss gegen gewisse ethische Normen die Firma letztlich teuer zu stehen kommen kann. Image-Schäden sind vor allem bei konsumnahen Firmen oftmals ein hohes Risikopotential. Wer in den Medien angeschwärzt wird, dem kann am nächsten Morgen eine kritische Kundschaft gewaltige Umsatzeinbussen bescheren. Dagegen will man sich wappnen, indem man öffentlichkeitswirksam seine ethischen Grundsätze verkündet.

Das alles war früher viel einfacher: Da hat patronales Denken regiert. Der Eigentümer hatte sich eine komfortable finanzielle Situation geschaffen und begann, sich mit dem Schicksal seiner Mitarbeiter und mit den Ansprüchen seiner Kunden und Lieferanten zu befassen. Und er merkte, dass soziales Verhalten auch imagemässig Vorteile bieten konnte. Zwar wurde noch vieles im Stillen geleistet, und der Patron sonnte sich vielleicht auch im Gefühl seiner barmherzigen Grosszügigkeit, aber es war immerhin jemand da, dem das Schicksal der Umgebung, der von der Wirtschaftssituation Betroffenen, nicht gleichgültig war. In den frühen Jahren des 20. Jahrhunderts begann deshalb die Überwindung des Klassenkampfes, der Ausgleich der Interessen zwischen Arbeitnehmern und Arbeitgebern. Erste Versuche zu Gesamtarbeitsverträgen wurden schon zu Beginn des 20. Jahrhunderts gemacht. Der Durchbruch gelang mit den sog. *Friedensabkommen* in der Uhren- und der Maschinenindustrie im Jahre 1937.

In der Folge wurden die Interessen der Arbeitnehmerschaft von den Gewerkschaften immer wirksamer vertreten, und es entstanden vor allem in Zeiten des Arbeitskräftemangels in den 70er Jahren neue Instrumente wie Mitbestimmung und Mitwirkung der Arbeitnehmer, die Mitarbeiterbeteiligung, Sozialpläne bei Entlassungen und die Erfolgsbeteiligung der Arbeitnehmer. Die Firmen begannen, sich ihrer sozialen Verantwortung zu rühmen, in Sozialbilanzen wurde herausgestellt, was sonst zu wenig Interesse gefunden hätte.

Diese Initiativen sind allerdings in den krisenhaften 90er Jahren weitgehend verschwunden. Nun dominierten harte Umstrukturierungsmassnahmen, die Mitarbeiter wurden zur Manövriermasse, die Sozialberichte wurden schubladisiert, Sparen war angesagt, internationale Konkurrenz und Wettbewerbsdruck dominierten. Die Patrons zogen sich zurück, liessen ihr Unternehmen durch angestellte Manager führen und verkauften schliesslich ihre Anteile an den Firmen. Die Börse und die Finanzanalysten begannen zu diktieren, was von einer Firma zu erwarten sei. Ethik war da selten dabei. Es zählen bis heute an der Börse ausschliesslich Zahlen. Der Erfolg wird gemessen am Umsatz- und Renditewachstum, und der goldene Schlüssel ist der Aktienkurs. Daran wird vierteljährlich der Manager gemessen. Das führte in einzelnen Firmen bald zur Versuchung, diese Abschlüsse zu manipulieren. Trickreich begann man, Pläne zu entwickeln, wie das Management trotz fallender Aktienkurse dennoch mehr Geld verdienen konnte. Wurde die Firma verkauft, wurden gewaltige Abfindungssummen fällig, die Mitarbeiter hingegen wurden in kurzer Zeit ohne Entschädigung auf die Strasse gestellt.

Diese Entwicklung hält weiter an. Gegen die Gier der Manager scheint kein Kraut gewachsen zu sein. Inzwischen bedienen sich die Kader immer schamloser an den Gewinnen, ja an der Substanz der Firmen. Die Verweildauer der Manager wird immer kürzer, die Desaster, die sie hinterlassen, werden immer drastischer. Die Sozialpartnerschaft ist in Misskredit geraten, und die Unternehmer oder Manager haben sich zunehmend um ihre gesellschaftliche Verantwortung foutiert. Umsonst haben Medien und linke Politiker auf Umweltverschmutzung, auf Ressourcenverschleiss, auf das Ausnutzen der Mitarbeiter und auf Korruption hingewiesen. Lange Zeit wurden diese mahnenden Stimmen einfach totgeschwiegen, verdrängt von steigenden Aktienkursen, vom Börsenboom, von den wachsenden Bedürfnissen neuer Länder oder von den wirtschaftlichen Eruptionen in den befreiten kommunistischen Ländern.

Zu Recht hat deshalb in den 90er Jahren Kritik an diesem üblen Tun eingesetzt. Das Shareholder-Value-Denken wurde ebenso angeprangert wie die permanenten Umstrukturierungen; die Diskussion über zu hohe Managergehälter verstummt nicht, die Gier der *Geldscheffler* beherrscht den Boulevard. Das Image vieler renommierter Firmen ist in den Keller gefahren, mit dem Swissair-Grounding hat die Wirtschaftselite dieses Landes ihr Waterloo erlebt. Der ehemals stolze *Bankbeamte* kann nur noch mit hohen Bonuszahlungen an seinem Arbeitsplatz gehalten werden, die Stimmung in der Arbeitnehmerschaft ist von Verunsicherung und Frust geprägt. Eine Renaissance patronaler Werte ist dringend notwendig.

Ethische Prinzipien in den Unternehmen lassen sich nie umfassend umsetzen. Sie stehen in Gegensatz zu anderen Prinzipien, Kompromisse sind unerlässlich. Die Unternehmer befinden sich in permanenten Dilemmata: Egoismus und Gewinnmaximierung um jeden Preis stehen im Gegensatz zu Prinzipien der Gerechtigkeit und des Denkens und Handelns für andere. Die Rücksichtslosigkeit steht in einem Antagonismus zu Treu und Glauben, der Gewinn verblendet und verdrängt die Bescheidenheit. Aus vornehm zurückhaltenden *Adligen* der Wirtschaft sind aggressive Eroberer von Märkten geworden, die *über Leichen gehen*, diejenigen der Konkurrenten, der Mitarbeiter und der Umwelt.

Wie findet man den Weg zu mehr Ethik im unternehmerischen Verhalten? Meine Antwort ist vielleicht überraschend: Das wohl wirksamste Mittel ist die öffentliche Diskussion. Was nicht in den Medien diskutiert und angeprangert wird, ist nicht Thema, findet nicht statt, wird nicht sanktioniert. Erst beim mahnenden Finger der Öffentlichkeit beginnt die Selbstregulierung der Wirtschaft. Der *Swiss Code of best practice for corporate governance* von Economiesuisse war eine Reaktion auf öffentliche Anklagen, auf die Gefahr eines irreparablen Imageschadens in den grossen Unternehmen. Die Börse hat reagiert und zusätzliche Bestimmungen erlassen; zu gross wäre die Gefahr, dass die bedeutenden Firmen das Vertrauen ihrer Aktionäre verlieren.

Der Staat versucht nun zunehmend, seine Vorstellungen von einer *guten Wirtschaft* umzusetzen. Im Submissionsverfahren werden immer mehr Bedingungen gestellt: Öffentliche Aufträge sollen nur noch Firmen erhalten, die Lehrlinge anstellen, die familienfreundlich sind, die Gesamtarbeitsverträge abschliessen, die ihre Zahlen publizieren, die ethische Grundsätze verfolgen und vieles andere mehr, was sich politische Gutmenschen ausdenken. Immer mehr wird verlangt, dass die Firmen zu Reparaturwerkstätten für jedes gesellschaftliche Versagen werden. Da sollen in den Firmen Kampagnen gegen Rauchen, Drogen, Alkohol, Aids und andere Zivilisationserscheinungen geführt werden, nur weil dort noch eine gewisse disziplinarische Strenge gegenüber den Menschen institutionalisiert ist. Nun stellt der Gesetzgeber verschärfte Vorschriften auf für die Aufsicht über die Firmen, über die Transparenz der Rechnungslegung und der Saläre des obersten Managements. Eigentlich eine äusserst bedenkliche Abkehr von privatem Tun in öffentlich geregelte Aktivitäten. Und bei den grossen börsenkotierten Unternehmungen hilft wohl nur eine internationale Standardisierung weiter, überschreiten doch solche Firmen mit Leichtigkeit staatliche Grenzen.

Dabei liegt ethischem Verhalten letztlich eine gemeinsame Formulierung gültiger Werte zu Grunde. Doch wo sollen diese formuliert und gelehrt werden? Gefordert ist sicher die Erziehung, in erster Linie das Elternhaus, dann die Schule, die Berufsbildung und die Unternehmen. Die Politik hat eher kürzere Spiesse, die Kirchen haben ihre Strahlkraft verloren und sind durch esoterische und fehlgeleitete religiöse Gruppierungen ersetzt worden, die die Menschen eher entmündigen, als sie zu verantwortungsvollem, selbstbestimmtem Handeln anzuleiten.

In den Firmen sind die Rezepte klar: Eine praktische Umsetzung geschieht über einfache Prozesse wie eine bedingungslose Kundenorientierung, einen einwandfreien Service, über Qualitätsdenken, Professionalität, Zuverlässigkeit, Fairness, Teamwork, Verantwortung, Corporate Governance. Damit sind wir dort angelangt, wo der Patron alter Schule gestanden hat: beim charakterlichen Vorbild, in der gelebten Mitmenschlichkeit.

Ethik ist heute mehr denn je ein dringliches Postulat in der Gesellschaft und damit auch in den Unternehmen. Sie muss international und umfassend sein. Gesucht sind neue Vorbilder und Autoritäten, die alten Regeln haben ausgedient. Kirchen und Universitäten sind gefordert, ihre frühere Rolle ist geschrumpft. Elternhaus und Erziehung sind der Schlüssel zu einer Renaissance, die uns Lebensqualität, Vertrauen, Sicherheit und soziale Verantwortung geben muss.

Peter Ulrich

Die Herausforderungen der christlichen Arbeits- und Sozialethik durch die Globalisierung der Wirtschaft

1 Christliche Wirtschafts- und Sozialethik: korrektiv oder konstitutiv?

Als es vor fast genau 20 Jahren um meine Berufung auf den ersten Lehrstuhl für Wirtschaftsethik an einer deutschsprachigen Wirtschaftsfakultät ging (an der damaligen Hochschule für Wirtschafts- und Sozialwissenschaften in St. Gallen), rief mich mitten in der Geschäftigkeit meiner damaligen Professur für Betriebswirtschaftslehre an der Universität Wuppertal der dortige katholische Universitätsseelsorger an. Er wollte mich dringend treffen, um mir einige persönliche Fragen zu stellen. Nun ja, es sei ihm etwas peinlich, aber er habe vom Bistum Köln den aus St. Gallen gekommenen Auftrag erhalten, sich zu erkundigen, wie denn meine Ehe gehe und so ähnlich. Da man mich im kirchlichen Mitgliederverzeichnis des Wohnviertels nicht gefunden habe, sei die Anfrage an ihn weitergeleitet worden. «Nur zu!» sagte ich und schlug ihm vor, es sogleich am Telefon hinter uns zu bringen. Ich beantwortete geduldig seine teilweise wirklich recht weit ins Private gehenden Fragen. Als wir fertig waren, fügte ich bei: «Ach, übrigens kann ich Ihnen schon sagen, warum mein Name in den kirchlichen Listen unauffindbar war – ich bin Protestant!» Mein Befrager war so entgeistert, dass er, dem dumpfen Tönen in meiner Ohrmuschel nach zu schliessen, fast den Telefonhörer fallen liess. Mit allen möglichen Ergebnissen hatte man wohl bei der kircheninternen Kandidatenprüfung gerechnet, nur nicht damit, dass ein *Nicht-Katholik als Wirtschaftsethiker* zur Wahl stünde!

Nun, so ganz grundlos war diese fraglose Prämisse keineswegs. Ich will es anhand des Ergebnisses einer qualitativ-empirischen Studie zu den unternehmensethischen Denkmustern von Führungskräften erläutern, die wir einige Jahre später, als ich dann trotzdem in St. Gallen angelangt war, im Institut für Wirtschaftsethik durchgeführt haben. Es ging darum, wie 75 oberste schweizerische Manager das Verhältnis von *Ethik und marktwirtschaftlicher Erfolgslogik* bestimmten (Ulrich/Thielemann 1992[1]). Etwa drei Viertel der Befragten attestierten ethischen Gesichtspunkten in der einen oder anderen Weise Bedeutsamkeit. Immerhin etwa ein Viertel vertrat jedoch ein Selbst- und Rollenverständnis, das wir als dasjenige eines «metaphysischen Betriebswirts» bezeichneten. Kennzeichnend für diesen ist, dass er konsequent auf die *Binnenmoral des Marktes* vertraut. Der ökonomische Erfolg, gemessen am längerfristig erzielbaren Gewinn, *Return on equity* oder *Shareholder value*, gilt ihm zugleich als das entscheidende Kriterium dafür, dass das Unternehmen auch in ethischer Hinsicht auf dem richtigen Weg ist. *Wirtschaftlicher Erfolg und das moralisch Richtige sind eins.* Mit Milton Friedmans (1970) berühmtem Essay-Titel ausgedrückt: «The social responsibility of business is to increase its profits» (and nothing else). Den Rest, nämlich die Sicherung der Gemeinwohldienlichkeit, leistet die *unsichtbare Hand* des Marktes, sofern man sie ihr gutes Werk tun lässt (*freie* Marktwirtschaft). Zusätzliche, explizite ethische Kriterien guter Unternehmensführung *stören* die von der *unsichtbaren Hand* gewährleistete implizite Moral des Marktes nur. Sie sind daher zurückzuweisen, ausser wenn sie sich als Investition in zukünftigen Unternehmenserfolg kalkulieren lassen. Metaphysische Betriebswirte nennen das dann neudeutsch *Sound ethics.* Wie weit Wirtschaftsethik *Sound* ist, entscheidet also wiederum der Markt. Oder mit Max Frischs berühmtem Diktum aus seinem Vortrag «Am Ende der Aufklärung steht das goldene Kalb» an den Solothurner Literaturtagen 1986 auf gut Deutsch formuliert: «Vernünftig ist, was rentiert» – vermeintlich auch ethisch vernünftig.

Der in unserer empirischen Studie gefundene Realtyp des *metaphysischen Betriebswirts* entsprach offenbar weitestgehend dem calvinistisch-zwinglianisch geprägten *Geist des Kapitalismus* im Weber'schen Sinne. Dummerweise hatten wir jedoch vergessen, die Gesprächspartner nach ihrer Konfession zu fragen. Wir holten das nach der Auswertung unserer bis zu vier Stunden langen

---

1 Alle Literaturangaben finden sich am Ende dieses Kapitels.

90

Interviews nach, und siehe da: Unter den strikten metaphysischen Betriebswirten fand sich keine einzige Führungskraft katholischer Konfession. Bei Katholiken, sowieso eine Minderheit im Sample, fanden sich vorwiegend Denkmuster von der Art: «Ich bin zwar überzeugter Anhänger der Marktwirtschaft und des Unternehmertums; aber es gibt noch andere und teilweise höhere Werte als rein wirtschaftliche», oder: «Das Profitstreben kann auch übertrieben werden». Beides muss für sie in einem ausgewogenen Verhältnis stehen. Thomas von Aquin lässt grüssen mit dem Kurztelegramm «einerseits (christliche Menschengerechtigkeit) – andererseits (wirtschaftliche Sachgerechtigkeit)». Ethik tut zumindest als *Korrektiv* eines zu weit gehenden, grenzenlosen Erfolgs-, Vorteils- und Gewinnstrebens Not.

Wirtschaftsethiker haben es also mit Katholiken im Allgemeinen etwas leichter. Das ist eine Erfahrung, die ich als Protestant, der an der katholischen Universität Freiburg/CH Wirtschafts- und Sozialwissenschaften studiert hat (wozu dort Ende der 60er Jahre noch obligatorisch die katholische Soziallehre gehörte), von beiden Erfahrungswelten her nur bestätigen kann. Für protestantisch-*bürgerlich* erzogene Personen sind die Dinge ambivalenter. Wer zum Unternehmertum *berufen* ist und seine Tatkraft mit dem grossen *Geldsegen* belohnt sieht, der darf diesen in calvinistischer Tradition als ein göttliches *Zeichen der Erwählung* (Weber 1988: 110) deuten und dem Jenseits ruhiger entgegenblicken. Auf der *Grundlage* der calvinistischen Prädestinationslehre konnte so der *Markt selbst* zum *Ort der Moral* verklärt werden.

Längst hat sich daher im marktgläubigen Zeitgeist so etwas wie ein ökonomistisch verkürzter Pseudo-Protestantismus durchgesetzt, besonders in den Teppichetagen der *Global players*. Nun stand ja aber der ursprüngliche calvinistisch-kapitalistische Geist in aller Regel für eine *seriöse* wirtschaftsethische Überzeugung. Er enthielt eine ernst gemeinte *Selbstverpflichtung auf das Gemeinwohl*. Anders wäre die nachhaltige *Motivation*, die hinter der asketischen Selbstdisziplin einer unternehmerischen Lebensführung steckt, kaum vorstellbar. Interessant ist die *formale Struktur* des calvinistischen Wirtschaftsethos. In ihm stellt nämlich die schöpfungstheologisch gedeutete Harmonie im Kosmos des *freien* Marktes die tragende normative *Voraussetzung* dafür dar, dass vom *Gewinnprinzip* im marktwirtschaftlichen Wettbewerb Ergebnisse zu erwarten sind, die *für alle* gut sind. Die Marktwirtschaft wurde als *natürliche* Wirtschaftsordnung verstanden, die an der guten Ordnung in Gottes Schöpfung teilhabe. Diese *konstitutive* Rolle des calvinistisch-kapitalistischen Wirtschaftsethos war strukturell ganz richtig angelegt – nur bedarf das Fundament heute einer substanziellen Modernisierung *(Abb. 1)*.

Abbildung 1
Katholisches vs. calvinistisch-zwinglianisches Konzept der Moral des Wirtschaftens

Katholisch-mittelalterlich:	Calvinistisch-frühmodern:
Diesseits/Jenseits-Dichotomie («einerseits – andererseits»)	Berufsarbeit als permanenter Gottesdienst
▽	▽
«ausserweltliche Askese» (Mönch/Nonne im Kloster)	«innerweltliche Askese» (investive Grundhaltung)
▽	▽
Ethik = **Restriktion** (Gegenpol)	Ethik = **konstitutive Grundlage**
▽	▽
korrektive Wirtschaftsethik	**integrative** Wirtschaftsethik

Unter der Flagge eines marktradikal gewordenen *Neoliberalismus* ist die Argumentationslogik geradezu umgedreht worden: Heute wird die gesellschaftliche Harmonie nicht mehr als von höherer Hand gewährleistete *Voraussetzung* erkannt, sondern gerade umgekehrt als die automatische *Folge* von nichts als dem funktionierenden Wettbewerb auf deregulierten Märkten erwartet oder ausgegeben. Übrig geblieben ist ein verselbständigter und verabsolutierter Marktglaube, Webers *Caput mortuum* (Weber 1991: 373). Der Markt wird quasi als *Marktgott* an die Stelle gerückt, wo im ursprünglichen kapitalistischen Ethos der Schöpfergott als Garant der Harmonie in der Welt stand. Aus der «providentiellen Deutung der Profitchancen des Geschäftsmenschen» (Weber 1988: 178) ist so tendenziell platter Ökonomismus geworden, der dazu dient, handfeste Partikulärinteressen und ein moralisch enthemmtes Eigennutzdenken ideologisch hinter Gemeinwohlrhetorik zu verbergen.

2 Methodischer Protestantismus, oder: der kleine Irrtum des Baptisten Bill Clinton

Was heute Not tut, ist die Wiederherstellung der sachlich an sich richtigen Struktur des frühbürgerlichen Wirtschaftsethos. Es genügt von daher nicht, wenn kirchliche Stellungnahmen das Menschengerechte unvermittelt gegen das (angeblich) wirtschaftlich Sachgemässe hochhalten. Statt Ethik nur als äusseres *Korrektiv* gegen *zuviel* ökonomische Rationalität oder *Sachlogik* anzusetzen, geht es darum, dieser selbst auf den normativen Grund zu leuchten: Um welche und wessen *Sache* geht es eigentlich, wenn heutzutage so oft im Jargon der wertfreien ökonomischen Sachlichkeit den «*Sachzwängen*» des globalen marktwirtschaftlichen Standortwettbewerbs gehuldigt wird? Was ist denn das für eine merkwürdige ökonomische *Sache*, die immer öfter *im Gegensatz* zu den lebenspraktischen Bedürfnissen der betroffenen Menschen zu stehen scheint? Statt bloss *gegen* jeweils gerade akute soziale Auswirkungen (Symptome!) einer immer *eigensinniger* wirkenden Wirtschaftsdynamik zu kämpfen, plädiere ich für einen erneuerten *methodischen Protestantismus*: Fragen wir doch hartnäckig nach den *konstitutiven ethischen Voraussetzungen* einer lebenspraktisch vernünftigen marktwirtschaftlichen *Sachlogik* selbst! (Um nicht missverstanden zu werden: Katholiken gehen in diesem methodischen Sinne oft *protestantischer* an die Sache heran als Calvinisten und Zwinglianer.)

Wirtschaften ist Mittel für das gute Leben und Zusammenleben der Menschen, nicht Selbstzweck. Der Markt als Mittel bringt wirtschaftliche *Effizienz* mit sich, aber er kann nicht wissen, *wofür* und *für wen* konkret er jeweils effizient wirken soll – das müssen wir ihm vernünftigerweise *beibringen* oder *einschreiben*. Es ergibt sich daraus eine Art magisches Dreieck von drei Gesichtspunkten lebenspraktisch vernünftigen Wirtschaftens *(Abb. 2)*: Der Markt braucht normative Vorgaben, die seiner Wirkungsweise humanen *Sinn* geben und sie in Prinzipien der *Gerechtigkeit* einbinden. In diesem Konzept reden wir nicht mehr einfach *gegen* ökonomische *Effizienz* an, sondern beginnen *für* eine andere, ethisch wohlfundierte ökonomische Vernunft zu argumentieren. Wenn auf diese Weise die Legitimitätsbasis und die Sinnorientierung der Wirtschaft reflektiert und sichergestellt werden, so *stärkt* das letztlich das marktwirtschaftliche Effizienzstreben – von Wirtschaftsfeindlichkeit keine Spur, entgegen der landläufigen Ethikskepsis seitens metaphysischer Betriebswirte.

Abbildung 2
Magisches Dreieck vernünftigen Wirtschaftens

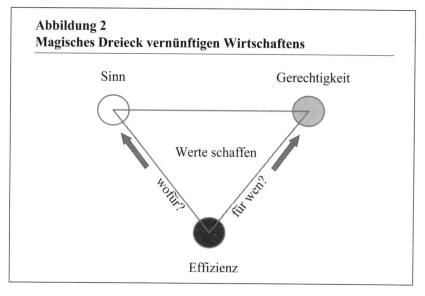

Dieser Zugang entspricht nicht ganz zufälligerweise dem St. Galler Ansatz *integrativer* Wirtschaftsethik (Ulrich 2001), der sich mit dem *Zwei-Welten-Denken* von Ökonomie einerseits und Ethik andererseits nicht begnügt, sondern eine ethisch integrierte Perspektive vernünftigen Wirtschaftens zu begründen versucht. Zugegeben, das ist radikaler und deshalb für neoliberale Marktfundis unbequem. Wenn die christliche, insbesondere die protestantische Sozialethik sich aber eingesteht, dass sie nicht nur ein Teil der Problem*lösung* ist, sondern auch etwas mit der Entstehung des Problems zu tun hat, könnte und sollte sie in der postulierten *grundlagenkritischen* Erneuerung der normativen Voraussetzungen einer – um es mit Arthur Rich (1990: 23) und Emil Brunner (1978: 387) zu formulieren – *lebensdienlichen* Marktwirtschaft ihre ureigenste Hausaufgabe erkennen: als Herausforderung *und* Chance zugleich.

Man beachte, dass mit dem magischen Dreieck vernünftigen Wirtschaftens ein *zweistufiges* Denken Platz greift, das für die Wirtschafts- und Sozialethik bedeutsam ist: Wir lassen die ökonomistische Prämisse hinter uns, dass es auf alle sozioökonomischen Herausforderungen der Gegenwart rein *wirtschaftspolitische Antworten* geben müsse oder könne, und unterscheiden davon die *gesellschaftspolitischen* Rahmenbedingungen, welche es braucht, um die Wirkungsweise der marktwirtschaftlichen Sachlogik für möglichst alle Gesellschaftsmitglieder lebensdienlich und *zumutbar* zu machen. Oder um den berühmten Wahlkampfslogan des bekennenden Baptisten Bill Clinton «It's the economy, stupid!» ein bisschen zu modernisieren: «It's *not* the economy, stupid – it's the society!» *(Abb. 3).*

Abbildung 3
Wirtschaft und Gesellschaft – Perspektivenwechsel

«*It's* not *the economy, stupid – it's the society!*»

Bill Clinton

Wie wollen wir in Zukunft gut und gerecht zusammenleben,
so dass die Früchte des Produktivitätsfortschritts
allen zugute kommen?

Wir haben primär nicht ein *wirtschafts*politisches,
sondern ein *gesellschafts*politisches Orientierungsproblem!

Marktwirtschaft *in* der Bürgergesellschaft
(statt: totale Marktgesellschaft)

Eine systematische Konsequenz dieser Unterscheidung ist, dass damit auch *gute Ordnungspolitik zweistufig* zu denken ist. Statt zwischen marktwirtschaftlicher Sachlogik und Lebensdienlichkeit einen Konflikt auf *einer* Ebene zu vermuten, der vermeintlich nur kompromisshaft aufzulösen ist, drehen wir – bildlich gesprochen – das Problem in die Vertikale. Dann begreifen wir, dass ein intensiver Wettbewerb durchaus lebensdienlich sein kann, wenn er die nötigen gesellschaftspolitischen *Vorgaben* erhält. Schon lange vor und entgegen dem heutigen rezenten Neoliberalismus haben das die ordoliberalen Vordenker Alexander Rüstow (1955) und Wilhelm Röpke (1958) begriffen *(Abb. 4)*: Eine am Ideal der Gesellschaft, in der wir leben wollen, orientierte *Vitalpolitik* gibt der ihr gegenüber systematisch nachrangigen, aber gleichwohl nicht

weniger wichtigen *Wettbewerbspolitik* die sinnvolle Richtung und
den legitimen Rahmen vor – und *stärkt* damit letztlich von innen
heraus das Kräftespiel des marktwirtschaftlichen Wettbewerbs.
(Die heutigen Neoliberalen denken demgegenüber einstufig und
glauben wettbewerbspolitisch *gegen* fast alle vitalpolitischen Vorgaben argumentieren zu müssen.)

Abbildung 4
Zwei Ebenen ordoliberaler Ordnungspolitik

1. Vitalpolitik (A. Rüstow)

= Einbettung des marktwirtschaftlichen Systems «in eine höhere
  Gesamtordnung, die nicht auf Angebot und Nachfrage, freien
  Preisen und Wettbewerb beruhen kann» *(Wilhelm Röpke)*

= Ausrichtung und Begrenzung der «blinden» Marktkräfte nach
  ethischen Gesichtspunkten der *Lebensdienlichkeit*

2. Wettbewerbspolitik

= Durchsetzung *offener Märkte* und *wirksamen Wettbewerbs*
  im Rahmen der vitalpolitischen Vorgaben

= effizienter Einsatz des marktwirtschaftlichen Wettbewerbs
  im Hinblick auf «vitale» Zwecke

---

3 Der «neue Geist des Kapitalismus»: Herausforderung und Chance für eine zukunftsfähige Vitalpolitik der Arbeitswelt

Angesichts des gewaltigen Umbruchs der Weltwirtschaft, in dem
wir uns befinden, werden innovative gesellschaftspolitische Ideen
immer dringender. Denn ohne sie bleiben wir *zwangsweise* dem
alten, immer realitätsfremder werdenden Gesellschaftsideal einer
vollbeschäftigten Industriegesellschaft verhaftet und übersehen
weiterführende Fortschrittsideen und Chancen. Vergegenwärtigen
wir uns kurz, was arbeits- und sozialpolitisch in naher Zukunft
auf dem Spiel steht.

Es entwickelt sich derzeit so etwas wie ein *neuer Geist des Kapitalismus*. Zuerst hat ihn der amerikanische Soziologe Richard

Sennett (1998) in seinem Bestseller *Der flexible Mensch: Die Kultur des neuen Kapitalismus* an Fallstudien ausgemacht, dann haben ihn die französischen Sozialforscher Luc Boltanski und Ève Chiapello (2003) in einer umfassenden Studie empirisch nachgewiesen. Er betrifft ganz zentral den *Umbruch der Arbeitswelt*. Stabile Beschäftigungsverhältnisse nach dem Modell einer lebenslang *vollbeschäftigten* beruflichen Kontinuität mit stetigen Aufstiegschancen auf der Karriereleiter innerhalb der *Arbeit gebenden* Firma werden vom Normal- zum Ausnahmefall. Es kommt zu einer Verallgemeinerung und damit Radikalisierung des Unternehmertums: Alle sollen *Lebensunternehmer* sein, das heisst fortlaufend klug in ihr *Fähigkeitsportfolio* investieren und sich bietende Marktchancen jeder Art ergreifen. Zu den höchstbewerteten Tugenden gehören dabei die berufliche *Flexibilität* und die räumliche sowie hierarchische *Mobilität*. Das Berufsleben kann und soll nicht mehr als stetig aufwärts gerichteter Karrierepfeil geplant werden. Heute muss der eigene Lebensweg als eine nicht vorher planbare Abfolge von befristeten *Projekten* (Boltanski/Chiapello 2003: 176ff.) begriffen und bewältigt werden. In einem neuen Projekt sich rasch und effizient in ein Team einpassen zu können, dort das nötige Engagement für das gemeinsame Projektziel zu entwickeln und nach der Beendigung – Projekte sind ja durch einen Anfang und ein Ende definiert – sich mit ebenso geschicktem *Networking* rechtzeitig für ein neues Projekt zu empfehlen, das sind die in Zukunft gefragten Qualitäten der *Employability* (individuellen Arbeitsmarktfähigkeit).

Dabei darf es zwischendurch ruhig auch mal ein ausserberufliches, z. B. ein soziales Projekt sein. Wichtiger als nur die pekuniäre Tüchtigkeit ist das eigenaktive und möglichst kreative, unverwechselbare Spuren hinterlassende, eben lebensunternehmerische *Tätigsein* an sich. Nicht-kommerzielle Engagements unterstreichen das Format einer ganzheitlichen, stets lernbereiten und ihren Horizont erweiternden Persönlichkeit, die gerade deshalb auch für höhere Aufgaben, insbesondere Führungsaufgaben, brauchbar ist – der eindimensionale Mensch, der immer nur an das Eine denkt, nämlich monetären Output, ist dem *neuen Geist des Kapitalismus* überraschenderweise eher suspekt. Wobei das eben nur auf den ersten Blick überrascht, solange man noch im *Caput mortuum* des neoliberalen Ökonomismus befangen ist. Denn der *neue Geist des Kapitalismus* ist sich – wie seinerzeit der klassische kapitalistische Geist – in der Pionierphase seiner gesellschaftlichen Legitimations- und Sinnbedürftigkeit bewusst. Er weiss im Grunde von seinem Angewiesensein auf eine glaubwürdige (!) *Gemeinwohldienlichkeit*. Zum *Geist des Kapitalismus* hat schon immer gehört, dass er wegen seines ihn von Anfang an tragenden christlichen Legitimationsanspruchs auch stets wieder eine erstaunliche Fähigkeit an den Tag legt, kritische Impulse aus der Gesellschaft aufzugreifen und zu integrieren, und wenn es nur zwecks Sicherung der *Systemstabilität* wäre.

Mag sein, dass vorerst eher *kritische Bürgerbewegungen* den neuen Geist – zumindest in seinem nicht funktionalistischen, emanzipatorischen Moment – vertreten als die Mehrzahl der Akteure in den Geschäftsleitungen. Solche Bürgerbewegungen sind es ja, die heute etwa bezüglich der Arbeits- und Produktionsbedingungen in Entwicklungsländern hartnäckig die Beachtung von *Standards der Human-, Sozial- und Umweltverträglichkeit* einfordern und damit längst eine breite Bevölkerung sensibilisiert haben. Die Kritik kommt zunehmend – ein Alarmzeichen für die Verteidiger des Status quo – auch aus der bürgerlichen Mittelschicht. Sie gilt u. a. den fortschreitend als unzumutbar empfundenen Tendenzen zur *Prekarisierung* der Existenzbedingungen für den *Normalbürger*. Dieser wird zunehmend mit individuell kaum mehr kontrollierbaren Risiken konfrontiert, vom Arbeitsmarkt plötzlich *unverschuldet* die rote Karte gezeigt zu bekommen und den gesamten, hart erarbeiteten Lebensstandard zu verlieren, trotz *Leistungswilligkeit bis zum Burnout-Syndrom*. Work-Life-Balance? Vergessen Sie's! Wenn sich der Einzelne trotz vollen beruflichen Einsatzes immer öfter in beunruhigender Existenzunsicherheit sieht, und wenn – wie derzeit besonders in Deutschland – vollzeitlich arbeitende Menschen, vor allem solche mit bescheidenen Berufsqualifikationen, trotz steigender Produktivität mit sinkenden Reallöhnen bis in die Situation von *Working Poor* fertig werden müssen, so empört das verständlicherweise gerade die aktiven Menschen, die zur Leistung bereit sind. Hinzu kommt, dass da einige alt denkende metaphysische Betriebswirte in den Teppichetagen heutzutage Wasser predigen und Champagner trinken. Während der Selbstbehauptungsdruck und die Lebenskosten für die breite arbeitende Bevölkerung laufend ansteigen, fliessen die

Früchte des Produktivitätsfortschritts seit etwa zwanzig Jahren fast restlos an die Kapitaleigner und ihre Manager (für empirische Belege vgl. Afheldt 2003). Der wachsende Eindruck der Ungerechtigkeit unterhöhlt schleichend, wenn nicht schon galoppierend, die Legitimitätsbasis der bestehenden Wirtschafts- und Gesellschaftsordnung. Eine neue öffentliche Debatte um die konstitutiven Prinzipien des Zusammenlebens in einer *anständigen*, d. h. niemanden demütigenden (Margalit 1997), und einigermassen gerechten Gesellschaft von freien und als solchen gleichen Bürgern ist daher ebenso absehbar wie wünschbar.

Ein Indiz für das beginnende Umdenken mag sein, dass einer der einflussreichsten deutschsprachigen Ökonomen der Gegenwart, Hans-Werner Sinn (2006), unlängst kurz und bündig eingeräumt hat: «Die Marktwirtschaft ist effizient, aber nicht gerecht.» Und Sinn zieht daraus, was noch bemerkenswerter ist, unter dem Stichwort *Der neue Sozialstaat* systematische Konsequenzen, die sich in interessanter – aber auch ambivalenter – Weise mit den wirtschaftsethischen Überlegungen zur zweistufigen Ordnungspolitik (Vital- und Wettbewerbspolitik) treffen. Wegen der vitalpolitischen Probleme sollten wir nicht gleich die Effizienzfunktion des Wettbewerbs als solche bekämpfen. Das hiesse das Kind mit dem Bad ausschütten. Vielmehr sollten wir endlich die *gesellschaftspolitischen Voraussetzungen* eines vernünftigen Umgangs mit dem Produktivitätsfortschritt auf dem Niveau des freiheitlich-demokratischen Gesellschaftsideals gestalten, statt nur wirtschaftspolitische und sozialstaatliche Symptombekämpfung zu betreiben. Genau diese bedeutsame *Themenverschiebung* in der arbeits- und sozialpolitischen Debatte hat derzeit begonnen. Die christliche Sozialethik sollte sie nicht verpassen, wenn selbst die Fachökonomen sie (wenn auch möglicherweise mit etwas anderem Zielhorizont) ernst zu nehmen beginnen...

So und nur so lassen sich soziale Gerechtigkeit und wirtschaftliche Effizienz im Prinzip zusammenbringen: die Effizienz auf der systematisch nachrangigen Ebene eines wirksamen marktwirtschaftlichen Wettbewerbs – ein Zustand, von dem die teilweise wettbewerbsfeindliche und vermachtete schweizerische Volkswirtschaft weit entfernt ist –, die Gerechtigkeit auf der *übergeordneten* Ebene einer wirklich liberalen Ordnung, in der die grösstmögliche reale Freiheit aller Bürgerinnen und Bürger das oberste Organisationsprinzip darstellt. Und auf dieser Ebene zählen dann ökonomische Sachzwangargumente gerade nicht, wie es der liberale (!) Ralf Dahrendorf (1996: 33) auf den Punkt gebracht hat: «Citizenship cannot be marketed.» Dahrendorf hat Recht: In einer freiheitlich-demokratischen Gesellschaft ist der Bürgerstatus unantastbar; er darf nicht marktwirtschaftlichen *Sachzwängen* untergeordnet werden; vielmehr gilt es umgekehrt die Marktwirtschaft im buchstäblichen Sinn zu *zivilisieren*, also in die Bedingungen einer voll entfalteten Bürgergesellschaft einzubinden (Ulrich 2005).

Dieser *unbedingte* Anspruch einer modernen *Civil society* und damit einer wahrhaftig *bürgerlichen* Politik hat ein sozialethisch bedeutsames *emanzipatorisches* Potenzial, auch wenn das für die Sachzwangpolitik eines verkürzten Wirtschaftsliberalismus etwas peinlich ist: *Freie Bürger kommen vor dem freien Markt.* Eine total *freie* Marktwirtschaft wäre ein totaler Sachzwangzusammenhang, unter dem zumindest die Schwächeren real sehr unfrei würden. Wir sind damit beim vierten und letzten Argumentationsschritt angelangt.

4 Von der kompensatorischen Sozialpolitik zur bürgeremanzipatorischen Gesellschaftspolitik

Beziehen wir die zweistufige Grundidee nun konkret auf die Arbeits- und Sozialpolitik, so geht es nicht darum, für oder gegen einen effizienten Arbeitsmarkt zu sein. Weder genügt dieses Generalrezept der (Mainstream-)Ökonomen zur Lösung des *Beschäftigungsproblems*, noch ist das Heil darin zu suchen, einfach *Sand* ins Getriebe des Arbeitsmarktes zu streuen und ihn durch sozialstaatliche Interventionen mehr oder weniger ausser Kraft zu setzen. Sind jedoch klare vitalpolitische Vorgaben gegeben, die einerseits seinen lebensdienlichen *Sinn* und andererseits die soziale *Gerechtigkeit* seines Wirkens sichern, können wir auch aus wirtschafts- und sozialethischer Sicht getrost *für* statt gegen einen effizient funktionierenden Arbeitsmarkt votieren. Unser magisches Dreieck vernünftigen Wirtschaftens lässt sich ohne weiteres zu einem *magischen Dreieck der Arbeitspolitik* konkretisieren *(Abb. 5).*

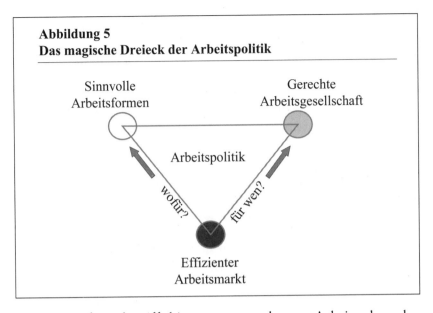

Abbildung 5
Das magische Dreieck der Arbeitspolitik

Sinnvolle
Arbeitsformen

Gerechte
Arbeitsgesellschaft

Arbeitspolitik

wofür?

für wen?

Effizienter
Arbeitsmarkt

Die Sinnfrage betrifft hier ganz zentral unser Arbeitsethos, das es heute unter sich dramatisch verändernden sozioökonomischen Bedingungen zu reflektieren gilt. Die Gerechtigkeitsfrage betrifft zentral unser Vorverständnis von der Gesellschaft, in der wir leben wollen. Wenn wir ein zeitgemässes Arbeits- oder Tätigkeitsethos entwickeln und endlich die Gesellschaft auf dem Niveau unserer heutigen wirtschaftlichen Produktivität organisieren, so erweitert das die Gestaltungsräume und entlastet den Arbeitsmarkt von der unmöglichen Aufgabe, das so genannte Beschäftigungsproblem ganz allein zu lösen. Und beides zusammen klärt überhaupt erst, wofür und für wen der Arbeitsmarkt effizient gemacht werden soll.

Im *globalen Standortwettbewerb* wird diese gedankliche Hierarchisierung und Differenzierung des Problems für tragfähige Lösungen immer entscheidender. Das erste europäische Land, das den systematischen Punkt verstanden hat, war Dänemark mit seinem *Flexicurity*-Konzept (vgl. dazu Kronauer/Linne 2005): Der Arbeitsmarkt wurde fast nach amerikanischem Muster flexibilisiert, aber erst *nachdem* die existenzielle Sicherheit aller Gesellschaftsmitglieder *unabhängig* vom Arbeitsmarkt gewährleistet war. Der Erfolg ist durchschlagend: Dänemark ist sowohl in Bezug auf die soziale Integration aller, auch der auf dem Arbeitsmarkt Schwächeren, als auch bezüglich internationaler Wettbewerbsfähigkeit in den Spitzenrängen. Die obsolete parteipolitische Debatte *mehr Markt oder mehr Staat* wurde aufgegeben zugunsten des zweistufigen Prinzips: mehr marktwirtschaftlichen Wettbewerb *im Rahmen* einer gerechten und solidarischen Gesellschaft freier Bürger.

Eine *Grundsicherung* für alle, die bedingungslos gewährleistet wird, ist die direkte arbeits- und sozialpolitische Konsequenz dieses Konzepts. Statt den Arbeitgebern Mindestlöhne vorzuschreiben, die dann unter Umständen zur Produktionsverlagerung in kostengünstigere Länder und damit zu höherer Arbeitslosigkeit führen, werden die Lohnbestimmung sowie Einstellungen und Entlassungen im Prinzip einem fair und effizient spielenden Arbeitsmarkt überlassen. Wer ein definiertes Mindesteinkommen nicht erreicht, sei es als *Working Poor* oder als Erwerbsloser, erhält automatisch und ohne erniedrigende Ermessensentscheide der *Fürsorge* ein pauschales, von der Allgemeinheit getragenes, also im Prinzip steuerfinanziertes Grundeinkommen. Technisch kann das in verschieden weit gehenden Ausprägungen stattfinden und organisiert werden *(Abb. 6)*.

Abbildung 6
Instrumente emanzipatorischer Gesellschaftspolitik
(statt direkter Interventionen in den Arbeitsmarkt)

- **Kombilohn**
  → Lohnzuschuss statt Mindestlöhne/Lohnersatz
- **Negative Einkommenssteuer**
  → Bürgergeld statt «Fürsorge»
- **Bedingungsloses Grundeinkommen**
  → «Sozialdividende»
  → «*real freedom for all*» (Philippe Van Parijs)

– Erstreckt sich das System nur auf den Niedriglohnbereich, so kann man von *Lohnzuschüssen* oder *Kombilöhnen* sprechen, wie sie jetzt in Deutschland erwogen und zum Teil schon praktiziert werden. Das Prinzip ist: Statt Arbeitslosigkeit soll gering bezahlte Arbeit finanziert unterstützt werden. Argumentiert wird, es sei für die Betroffenen menschenwürdiger und für den

Sozialstaat letztlich billiger, wenn möglichst viele wenigstens eine schlecht entschädigte Erwerbsarbeit haben und dank einem von der Gesellschaft bezahlten ergänzenden Zweiteinkommen ein normales, selbstbestimmtes Leben führen können, als wenn sie aus dem Arbeitsleben ganz herausfallen und zu *Sozialfällen* werden. Ob ein den Existenzbedarf nicht deckender Niedriglohn und das daraus folgende Angewiesensein auf einen von der Allgemeinheit finanzierten Zuschuss nicht ihrerseits entwürdigend sind, bleibt allerdings offen. Auch die Gefahr eines Fehlanreizes an die Arbeitgeber, sich von der Bezahlung anständiger Löhne entlastet zu fühlen, ist nicht ganz von der Hand zu weisen.

– Etwas weiter geht das Konzept der *negativen Einkommenssteuer*, das alle einbeziehen kann, die gemäss Steuererklärung ein definiertes Mindesteinkommen nicht erreichen und deshalb eine *Negativsteuer*, also ein *Bürgergeld*, ausbezahlt erhalten. Der Anreiz an die Empfänger, wenn immer möglich selber einen Teil ihres Einkommens zu erwirtschaften, bleibt erhalten, indem der Zuschuss weniger schnell abnimmt, als das Erwerbseinkommen zunimmt. Dieses Bürgergeld fliesst direkt und ohne das Mitwissen von Arbeitgebern den Betroffenen zu; das ist ein wichtiger Vorteil gegenüber dem Kombilohn-Modell, wo die Lohnzuschüsse an die Arbeitgeber ausbezahlt werden und so statt der Subjekthilfe einer staatlichen Subventionierung der Privatwirtschaft nahe kommen (weshalb in Deutschland CDU/CSU eindeutiger für Kombilöhne sind als die SPD).

– Am weitesten geht das Konzept eines *unbedingten Grundeinkommens*, wie es am konsequentesten der liberale (!) belgische Sozialphilosoph Philippe Van Parijs (1995) ausgearbeitet hat. Hier erhält jedes Gesellschaftsmitglied voraussetzungslos ein jährliches Grundeinkommen. *Um der allgemeinen realen Bürgerfreiheit willen* wird ein Teil des Sozialprodukts nicht über den Arbeitsmarkt verteilt, aber auch nicht *ex post* im Sinne staatlicher *Sozialhilfe* für die *wirklich Bedürftigen*, die damit als Sozialfälle stigmatisiert sind und von administrativen Ermessensentscheidungen abhängig werden, für die sie ihre privaten Verhältnisse völlig offen legen müssen. Stattdessen gibt es für alle *ex ante* einen egalitären Sockelbetrag, der die (vermögenslosen) Bürger zumindest zeitweise vom Zwang befreit

(!), sich jederzeit um jeden lebenspraktischen Preis am Arbeitsmarkt zu verkaufen. Das Ziel ist nicht wie in der gewohnten Sozialpolitik ein *kompensatorisches*, sondern ein *emanzipatorisches*. Es soll verhindert werden, dass die Menschen überhaupt zu *Sozialfällen* werden. Das ist administrativ effizient und spart volkswirtschaftliche Kosten. Im konsequentesten Fall, am Ende eines schrittweisen Systemwechsels über mehrere Jahrzehnte, könnte das allgemeine Grundeinkommen vielleicht ein Existenz sicherndes Niveau erreichen und den kompensatorischen Sozialstaat mit seinen vielen *gezielten* Sozialhilfen (Kindergeld, Ausbildungshilfen, Krankenkassenbeiträge, ALV, AHV, IV) weitgehend überflüssig machen. Aber das Sozialprodukt kann natürlich nur einmal verteilt werden. Wer das Grundeinkommen dank hohem Erwerbs- oder Kapitaleinkommen nicht benötigt, dem würde nichts geschenkt, sondern er müsste es via Steuererklärung wieder zurückzahlen.

Ein so radikales Konzept dürfte in der Schweiz noch für lange Zeit realpolitisch kaum eine Chance haben. Teillösungen mit einem bescheidenen garantierten Sockeleinkommen vielleicht aber schon – und zwar dann, wenn die erwähnte Prekarisierung der Erwerbsbiographien auch im Mittelstand zu etwas ganz Normalem werden sollte. Ein Grundeinkommen könnte wenigstens Lebensphasen mit ungenügendem Einkommen überbrücken helfen, sei es infolge von vorübergehender Arbeitslosigkeit oder Niedriglohnarbeit, Ausbildung oder sogar freiwilligen Phasen der Erwerbslosigkeit. Das könnte gerade von den Mittelschichten, die gebildet genug sind, um mit ihrer Zeit etwas Sinnvolles anfangen zu können, durchaus als ein Zugewinn an lebenspraktischer Freiheit erkannt werden; als ein Stück Freiheit *von* der Marktwirtschaft (statt nur Freiheit *der* Wirtschaft).

Das Credo der bürgerliberalen Perspektive, für die ich hier plädiert habe, könnte lauten: *mehr emanzipatorische Gesellschaftspolitik* als Voraussetzung für *weniger kompensatorische Sozialpolitik*. Ihr Orientierungshorizont ist eine effiziente *und* lebensdienliche Marktwirtschaft *in* der Bürgergesellschaft. Leider kämpft die so genannte *bürgerliche* Realpolitik aus dieser Perspektive heute noch allzu oft (un-)ziemlich blind gegen statt für eine voll entfaltete Bürgergesellschaft.

Die entworfene Perspektive, die ich nur an einem exemplarischen Punkt konkretisieren konnte, eröffnet einen *dritten Weg* zwischen den Ökonomisten, die den Markt vergöttern, und den Sozialetatisten, die den Staat vergöttern: den Weg einer buchstäblich *zivilisierten Marktwirtschaft (Abb. 7)*.

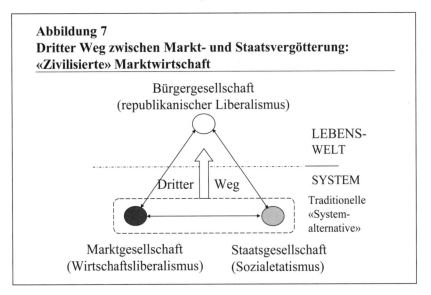

Abbildung 7
Dritter Weg zwischen Markt- und Staatsvergötterung:
«Zivilisierte» Marktwirtschaft

Die so verstandene Zivilisierung der Marktwirtschaft bietet vielleicht auch eine sinnvolle Orientierung für das sozialethische Engagement der Kirchen: Hier können sie ihre spezifische Kompetenz und ihren besonderen, politisch weder *rechten* noch *linken* Beitrag einbringen. Es ist der Weg, der wohl am besten dem christlichen Menschenbild entspricht: dem Bild von Menschen, die sich wechselseitig als freie Personen achten und solidarische Mitverantwortung für die *Res publica*, die öffentliche Sache des guten und gerechten Zusammenlebens übernehmen.

Literatur

Afheldt, H. (2003): Wirtschaft, die arm macht. Vom Sozialstaat zur gespaltenen Gesellschaft, München.
Boltanski, L./Chiapello, È. (2003): Der neue Geist des Kapitalismus, Konstanz (franz. Orig. Paris 1999).

Brunner, E. (1978): Das Gebot und die Ordnungen. Entwurf einer protestantisch-theologischen Ethik, 4. Aufl., Zürich (1. Aufl. 1932).

Dahrendorf, R. (1996): Citizenship and Social Class, in: M. Bulmer/ A. M. Rees (eds.): Citizenship Today: The Contemporary Relevance of T. H. Marshall, London: Routledge, S. 25–48.

Friedman, M. (1970): The social responsibility of business is to increase its profits, in: The New York Times Magazine, 13. September 1970, 32–33 und 122–126.

Kronauer, M./Linne, G., Hrsg. (2005): Flexicurity. Die Suche nach Sicherheit in der Flexibilität, Berlin.

Margalit, A. (1997): Politik der Würde. Über Achtung und Verachtung, München (engl.: The Decent Society, Cambridge MA 1996).

Rich, A. (1990): Wirtschaftsethik, Bd. II: Marktwirtschaft, Planwirtschaft, Weltwirtschaft aus sozialethischer Sicht, Gütersloh.

Röpke, W. (1958): Jenseits von Angebot und Nachfrage, 2. Aufl., Erlenbach-Zürich.

Rüstow, A. (1955): Wirtschaftsethische Probleme der sozialen Marktwirtschaft, in: P. M. Boarman (Hrsg.): Der Christ und die soziale Marktwirtschaft, Stuttgart/Köln, 53–74.

Sennett, R. (1998): Der flexible Mensch. Die Kultur des neuen Kapitalismus, Berlin.

Sinn, H.-W. (2006): Der neue Sozialstaat, in: Die Welt, 1. März 2006, S. 9; wieder abgedr. in: ifo Standpunkte 2006, hrsg. vom Institut für Wirtschaftsforschung der Universität München.

Ulrich, P. (2001): Integrative Wirtschaftsethik: Grundlagen einer lebensdienlichen Ökonomie, 3. rev. Aufl., Bern/Stuttgart/Wien.

Ulrich, P. (2005): Zivilisierte Marktwirtschaft. Eine wirtschaftsethische Orientierung, 2. Aufl., Freiburg i. Br.

Ulrich, P./Thielemann, U. (1992): Ethik und Erfolg: Unternehmensethische Denkmuster von Führungskräften – eine empirische Studie, Bern/Stuttgart/Wien.

Van Parjis, Ph. (1995): Real Freedom for All. What (if anything) can justify capitalism?, Oxford.

Weber, M. (1988): Die Protestantische Ethik und der Geist des Kapitalismus, in: ders.: Gesammelte Schriften zur Religionssoziologie I, 9. Aufl., Tübingen, 17–206.

Weber, M. (1991): Die Entfaltung der kapitalistischen Gesinnung, in: Die protestantische Ethik, Bd. I. Eine Aufsatzsammlung, 8. Aufl., Gütersloh, 358–376.

Perspektiven für den Dialog zwischen Kirchen und Wirtschaft

Brücken zur Praxis II

Das zweite Podium des Symposiums *Zwischen Grossmünster und Paradeplatz* setzte sich im Anschluss an die beiden Referate von Peter Hasler und Peter Ulrich (sie sind diesem Beitrag vorangestellt) mit den Herausforderungen der Zukunft auseinander. Die Diskussion versuchte, Themen zu benennen und Perspektiven zu entwickeln für den Dialog zwischen Kirchen und Wirtschaft. Ausser den beiden Referenten nahmen je ein Vertreter der reformierten und der katholischen Kirche teil:

Peter Hasler, Verwaltungsrat, bis 2006 Direktor des Schweizerischen Arbeitgeberverbandes (Referent);

Peter Henrici, Weihbischof, bis 2003 Generalvikar in Zürich;

Christoph Stückelberger, Leiter des Instituts für Theologie und Ethik des Schweizerischen Evangelischen Kirchenbundes in Bern;

Peter Ulrich, Professor für Wirtschaftsethik an der Universität St. Gallen (Referent)[1].

Erwin Koller leitete das Podium und hat die Diskussion – mit Zustimmung der Teilnehmer – für dieses Buch zusammengefasst.

1 Die Wirtschaft ist für den Menschen da

Peter Henrici

Die Referate von Peter Hasler und Peter Ulrich erweckten einen sehr optimistischen Eindruck, obwohl sie die Schattenseiten nicht verschwiegen haben. Auch wenn ich persönlich weniger optimistisch wäre, ist es doch gut zu erfahren, was sich im wirtschaftlichen Denken und in den Unternehmen entwickelt. Das Modell

---

1 Ausführliche Angaben zu den Personen befinden sich am Schluss des Buches.

der Einbettung der Wirtschaft in den grösseren gesellschaftlichen Zusammenhang kann ich nur unterstreichen. Diese Einordnung entspricht auch dem Kern der christlichen Soziallehre. Das *Wort der Kirchen*, das der Schweizerische Evangelische Kirchenbund und die Schweizer Bischofskonferenz im Jahr 2001 gemeinsam ausgearbeitet haben, hat dies unterstrichen. *Arbeit und Zukunft der Arbeitsgesellschaft* (Kapitel 5) sowie *Ressourcen: Ein neuer Umgang mit Umwelt und Geld* (Kapitel 6) bilden zwei von insgesamt acht Kapiteln. Auch im *Kompendium der Soziallehre der Katholischen Kirche*, das der Päpstliche Rat Iustitia et Pax 2004 herausgegeben hat, steht das Kapitel über die Wirtschaft in einem grösseren Zusammenhang. Es ist ganz wesentlich, dass wir die Wirtschaft nicht herausgelöst sehen. Die Wirtschaft ist für die Menschen da und nicht der Mensch für die Wirtschaft.

Erwin Koller

Eine zentrale Kritik von Peter Ulrich war: Die Katholiken machen Korrekturen, wenn Wirtschaftsmanager übertreiben. Die Protestanten dagegen wollen die Ethik in die Wirtschaft integrieren. Würden Sie diese Kritik gelten lassen?

Peter Henrici

Ich würde sie in globo gelten lassen. In Fragen der Praxis greift die katholische Kirche meistens korrigierend ein, weil man sich sagt: Wir wissen nicht, welches die ideale Form ist, wir können kein Utopia im Sinn von Thomas Morus entwerfen. Aber wir sehen: Das und das stimmt sicher nicht. Da muss man korrigierend eingreifen. In dem Sinne halte ich es für richtig zu sagen, dass die katholische Soziallehre im Wesentlichen korrektiv ist. Wobei dieses Korrektiv nicht nur Kritik meint, sondern durch Einwände auch weiterführen will.

Peter Ulrich

Ich habe vom methodischen Protestantismus und Katholizismus gesprochen und beigefügt, dass es substanziell oft umgekehrt ist. Der Protestantismus hat mit dem Primat der Ethik viel mehr Probleme als die katholische Soziallehre, weil bei den Protestanten oft der Markt selbst an die Stelle von allem Höheren tritt.

Das läuft oft auf eine Art krypto-religiöse Marktvergötterung hinaus.

2 Die Theorie sinnvollen Wirtschaftens und die Pragmatik des Alltags

Peter Hasler

Peter Ulrich überzeichnet natürlich den Markt und die Ökonomen und Gerhard Schwarz (Chef der Wirtschaftsredaktion der NZZ) und die Ordoliberalen und Neoliberalen. Das ist legitim, um den Diskurs anzuregen. Doch ich war in einem Verband und in verschiedenen Organisationen tätig. Da wird Gott sei Dank nicht alles so grundsätzlich unterschieden. Im Alltag spielt der Druck der täglichen Ereignisse. Was mich optimistisch macht...

Peter Ulrich

Warum Gott sei Dank?

Peter Hasler

Wenn man sich in der Wirtschaft von prinzipiellen Vorgaben leiten liesse, wenn man sagen würde: Unsere Vision ist, dass wir ein soziales Unternehmen sind und dass wir alles darauf ausrichten, dann wird so eine Vision den tausend Fragen des Alltags nicht gerecht. Da muss man beweglich sein. Peter Ulrich brachte eine theoretische Darlegung, ich empfinde die Fragestellungen in der Praxis fliessender. Sicher muss man die Systemfragen stellen. Aber ich habe in meinem Leben festgestellt – und damit kann ich Peter Henrici eine Antwort geben auf die Frage, warum ich so optimistisch bin –, dass ich mit vielen, die hier sitzen, ein grosses Privileg hatte: Wir konnten gestalten. Wir konnten selber etwas tun und können es noch immer. Ich habe nicht das Gefühl, fremdbestimmt zu sein. Was wir im Verband gemacht haben, weist in eine gute Richtung, davon bin ich überzeugt: etwa für die Lohngleichheit der Frauen, für die Vereinbarkeit von Beruf und Familie, für Flexibilität im Umgang mit älteren Mitarbeitenden, für gute Gesamtarbeitsverträge. Ich hatte die Chance, kreativ an solchen Fortschritten zu arbeiten. Insofern ist mir wohl zumute, und ich bin sicher, dass nach mir andere die gleichen Ziele verfolgen werden.

Natürlich verlief nicht immer alles geradlinig. Wenn Gefahren im Anzug waren, habe ich oft erlebt, wie man den Untergang der Industrie beschworen und geklagt hat, dass alles unmenschlich werde. Wenn man aber die Tatsachen anschaut, ist es eigentlich sehr gut gelaufen. Man prophezeite, dass unser Sozialstaat nicht überleben würde. Fakt ist, dass wir sehr viel sozialer geworden sind. Wir haben für die Mitarbeitenden einiges erreicht, können es allerdings nicht weiterführen, ohne einen grossen internationalen Druck auszuhalten. Unsere Bundesverfassung strotzt von Sozialzielen. Wir haben zehn obligatorische eidgenössische Sozialversicherungen für jeden Wechselfall des Lebens. Die Schweiz ist sehr sozial angelegt. Die behauptete Antinomie, wonach hier die blinden Marktverfechter stehen und dort jene, die nur an die andern denken, entspricht nicht der Erfahrung, wie ich sie machen durfte.

Erwin Koller

Was sagt der Wirtschaftsethiker zu so viel Pragmatismus?

Peter Ulrich

Man sollte den Wegweiser nicht verwechseln mit den Schritten, die wir auf ein Ziel hin tun sollen. Ein hemdsärmliger Pragmatismus, der nicht weiss, wohin wir gehen wollen, ist sinnlos. Aber es gibt eine gesunde Arbeitsteilung: Mein Bemühen und mein Privileg ist es, an der Produktion von Orientierungswissen zu arbeiten. Und im Übrigen halte ich es ausnahmsweise mit Christoph Blocher: Wo ein politisches Ziel ist, da finden sich Wege. Das ist eine Frage des politischen Willens. Pragmatismus ja, aber zur rechten Stunde und am rechten Ort. Jedoch nicht als Ausflucht aus der Pflicht, über eine sinnvolle Idee von Fortschritt nachzudenken.

Peter Hasler

Doch gerade bezüglich dieser Ziele erweckte Peter Ulrich in seinem Vortrag den Eindruck, als ob in Zukunft die Wirtschaft die Geschicke der Gesellschaft bestimmen würde. Dabei ist es doch die Politik. Wer bestimmt denn, wohin diese Gesellschaft will und was sie soll? Es ist die Politik, das Parlament, wir alle, die an den Volksabstimmungen teilnehmen. Wir sagen am Ende, welche Invaliden- und Altersversicherung wir wollen. Und die Wirtschaft hat sich dem zu fügen. Ich habe den Wirtschaftsmanagern immer gesagt: Wir führen Abstimmungskämpfe, aber dann unterziehen wir uns. Mit anderen Worten: Wer sich in dieser Gesellschaft von der Wirtschaft dominieren lässt und sich von den Neoliberalen und der NZZ sagen lässt, wo es lang geht, der ist selber schuld.

3 Wirtschaftsethik muss alle Bereiche des Lebens umfassen

Christoph Stückelberger

Ich möchte etwas unterstreichen, das bei allen Referenten unbestritten war. Wirtschaftsethik kann nicht eine Nischenfunktion wahrnehmen, sie muss integrativ sein. Peter Ulrich hat diesen Begriff geprägt[2]. Doch auch Ruedi Reich und Peter Hasler haben nicht gesagt: Wir begrenzen Ethik auf einen Teil der Wirtschaft und überlassen andere Teile der Eigengesetzlichkeit der ökonomischen Logik. Alle sind davon überzeugt, dass Ethik in sämtliche Bereiche hinein fliessen muss. Das ist ein zentrales reformatorisches und inzwischen ökumenisches Prinzip. Darum würde ich Peter Ulrich ergänzen: Die ökumenische Realität ist, dass neben der protestantischen auch die katholische Soziallehre und Wirtschaftsethik sagt: Ethik muss alle Bereiche des Lebens umfassen.

Theologisch kann man den Grund dafür mit der Kirchenordnung der Zürcher Landeskirche so formulieren: *Gott ist Herr über alle Gebiete des Lebens* (vgl. Art. 209). Das ist der Kernsatz, der zu dieser ethischen Auffassung führt. Es gibt keinen Bereich des Lebens, den wir seinen eigenen Gesetzen überlassen können. Ethik ist darum nicht nur Individualethik, sondern auch Strukturenethik. In den Strukturen müssen sich die ethisch begründeten Gestaltungsprinzipien niederschlagen. Dass dies heute niemand bestreitet, ist ein nicht zu unterschätzender Fortschritt, den es festzuhal-

---

2 Vgl. Ulrich, Peter (2001): Integrative Wirtschaftsethik – Grundlagen einer lebensdienlichen Ökonomie, Haupt Verlag, 3., revidierte Auflage, Bern.

ten gilt. Niemand hier will Ethik einschränken auf Tugendethik, also auf persönliches Verhalten, auf ein paar gute moralische Grundsätze. Im einzelnen Unternehmen ist die Versuchung dazu am stärksten: Wenn wir mit den Mitarbeitern freundlich und multikulturell offen sind, dann sind wir ethisch. Dagegen hat Peter Hasler zu Recht Managementprinzipien und Codes of Conduct gefordert, die sich auf alle Bereiche der Unternehmenstätigkeit und nicht nur auf die Mitarbeiterführung beziehen.

4 Orientierungen, Grundrechte und Grundwerte in einer liberalen Gesellschaft

Peter Hasler

Bezüglich der Frage, woran sich die Wirtschaft orientieren soll, wenn sie solche Prinzipien formuliert, möchte ich auf mein Referat zurückkommen. Ich sagte dort zu Beginn: Die Kirchen spielen keine Rolle in der Wirtschaft, weil diese nach anderen Kriterien handelt. Das möchte ich differenzieren: Die Kirchen beeinflussen sehr wohl die Akteure der Wirtschaft. Jeder macht eine religiöse Erziehung durch. Zu meiner Zeit war es noch ein Schulfach. Das prägt, und insofern sind der Einfluss und die Wirkung der Kirchen nicht zu unterschätzen. Das Problem der Wirtschaft ist, dass wir Angst haben, uns zu stark festzulegen. Am Universitätsspital von Zürich sind unter 6000 Angestellten 83 Nationen vertreten. Ich weiss nicht, wie vielen Religionen sie zugehören. Das frage ich auch nicht, weil das für uns kein Thema sein darf. Darum dürfen wir uns aber auch nicht in eine bestimmte Richtung festlegen. Stellen Sie sich vor, wir würden sagen, wir wären ein christliches Spital. Das gäbe zu Recht Proteste. Das heisst aber nicht, dass die Religion nicht doch eine grosse Rolle spielt, nämlich über die Akteure, die letztlich den Kurs bestimmen. Deshalb wiederhole ich: Sie – die Kirchen – sind ein wichtiger Akteur im Meinungsaustausch, wie sich diese Gesellschaft ausrichten soll. Melden Sie sich bitte etwas lauter zu Wort. Denn ich sehe nicht, wer sonst noch mitreden sollte – ausser vielleicht den Professoren, aber die sind sich in aller Regel uneins. Wer will uns die Werte geben, an denen wir uns orientieren?!

Christoph Stückelberger

Als Kirchenbund versuchen wir solche Orientierungen zu geben. Aber Käthi La Roche hat zu Recht gesagt: Das ist die zweite Ebene. Die erste Vermittlung von Werten geschieht in Familie und Schule, in der täglichen Verkündigung, im Gottesdienst, im Unterricht, in der Bildungsarbeit. Sie formen die Menschen mit, in ihren Überzeugungen und als Akteure der Gesellschaft. Was der Kirchenbund veröffentlicht, hat nur einen Boden, wenn es von den Gemeinden, von der Basis, von den Menschen, die in den Kirchen aktiv sind, getragen ist. Man darf diesen Einfluss nicht verkennen, auch wenn man gelegentlich den Eindruck bekommt, die Kirchen würden nicht mehr gehört. Dass dies so nicht stimmt, kam heute verschiedentlich zum Ausdruck. Es gibt viele Leute, die zuhören, die bereit sind, etwas aufzunehmen und die täglich in unsichtbarer Kleinarbeit in diesem Geiste wirken. Auf dieser Basis wollen wir als Kirchenbund unsere Verantwortung wahrnehmen und in der Öffentlichkeit eine gemeinsame reformierte Stimme vernehmbar machen.

Peter Ulrich

Ich möchte als Wirtschaftsethiker davor warnen, den Werten allzu viel anzulasten. Die Zumutung gemeinsamer Werte, die irgendjemand definieren müsste, ist mit einer liberalen Gesellschaft unvereinbar. Das heisst nicht, dass wir auf Werte verzichten, sondern dass wir strukturell am richtigen Ort ansetzen. Jeder, der sich mit dem politischen und nicht nur mit dem Markt-Liberalismus befasst hat, weiss: Wir brauchen zwei Ebenen. Damit auf der unteren Ebene ein bunter Pluralismus von Religionen, Weltanschauungen und Lebensstilen praktiziert werden kann, braucht es auf der übergeordneten Ebene gemeinsame Regeln des Zusammenlebens. Liberal denken heisst, man soll keine materiellen Werte für verbindlich erklären, sondern die notwendigen formalen Regeln definieren, damit freie und gleichberechtigte Bürger gleichrangig zusammenleben können. Wir sollten weniger über Werte reden und mehr über Grundrechte und über die wechselseitige Pflicht, den Andern die gleichen Rechte zuzubilligen und sie zu respektieren. Dazu braucht es keinen separaten Pflichtenkatalog. Alles lässt sich aus dem ableiten, was wir als unantastbare Sphäre des Einzelnen definieren. Darüber hinaus benötigen wir in offenen Weltmärkten Spielregeln, die im ständigen Kräftespiel die Chancengleichheit und die faire Gleichbehandlung aller regeln. Ein Weltethos im Küng'schen Sinn, so gut es gemeint ist, verfehlt diese Unterscheidung, soweit es auf der Stufe des konventionellen Moralbewusstseins ansetzt. Wir brauchen ein postkonventionelles Moralverständnis.

Erwin Koller

Eine liberale Gesellschaft kommt aber nicht aus ohne Einverständnisse auch inhaltlicher Art, etwa über die unantastbare Würde des Menschen und über ein paar weitere Prinzipien.

Peter Ulrich

Selbstverständlich, das sind Grundprinzipien. Ein republikanisches Freiheitsverständnis macht die Mitverantwortung für die Res publica zu einem Teil der eigenen Identität. Als Bürger werde ich nicht wie ein Homo oeconomicus blind meinen Eigennutzen maximieren, denn ich möchte auch als Citoyen zu dem stehen können, was ich tue, und spalte mich nicht in einen Wirtschaftsmenschen und in einen Bürger. Ich bleibe ganz, also – wie es lateinisch heisst – integer. Vor diesem Hintergrund bildet die Menschenwürde die Grundidee, dazu kommen die verschiedenen Generationen der Menschen- und Bürgerrechte, die wir immer wieder zeitgemäss weiterentwickeln müssen. Die materiellen Werte aber können wir innerhalb dieses humanistischen, kulturübergreifenden Rahmens weitgehend den einzelnen Kulturen, Lebensgemeinschaften oder Individuen überlassen. Damit erübrigt sich auch das Problem des ethischen Relativismus.

Peter Hasler

Diese Begriffe machen mir Mühe. Peter Ulrich will Werte über Bord werfen und spricht dann doch von ethischen Regeln wie von Werten. Ich rede lieber von Vorschriften, Anwendungsgrundsätzen, Reglementen. Diese sind festgelegt, daran muss ich mich halten. Dann aber interessiert mich die Wertung dahinter: Weshalb sollen diese Regeln gelten? Weshalb stehen im Strafgesetzbuch der Schweiz – im Unterschied zu Gesetzbüchern anderer Staaten – auf Vermögensdelikten sehr hohe Strafen und auf der

Verletzung der körperlichen Integrität relativ kleine? Wer 10'000 Franken stiehlt, bekommt gewaltige Strafen. Wer jedoch seinen Nachbarn auf der Strasse zu Tode fährt, kommt vergleichsweise glimpflich weg. Das zeigt doch, welche Werte wir haben. Die Werte einer Gesellschaft offenbaren sich im Strafgesetzbuch, da sagt die Gesellschaft, was ihr wichtig ist. Darum suche ich die Werte, die uns zusammenhalten und die man in der Erziehung, in der Schule und im Beruf weitergibt. Davon lassen sich die Regeln ableiten, die gelten, wenn man dagegen verstösst. Und ebenso die Gesetze, auch das Strafgesetz.

Christoph Stückelberger

Die Wertefrage ist eine Definitionsfrage. Werte sind aus meiner Sicht den Rechten vorgeordnet. Wir können nicht von Grundrechten sprechen, ohne zuvor Grundwerte zu benennen.

Peter Ulrich

Als philosophischer Ethiker und als politischer Philosoph kann ich vor dem von Christoph Stückelberger vertretenen Vorrang von – stets Kultur gebunden, subjektiven – Werten vor den – universellen zwischenmenschlichen – Grundrechten nur warnen. Das droht in die Katastrophe eines unentscheidbaren *Wertekriegs* zu führen und verleugnet just die entscheidende Lektion, die Europa aus den Konfessionskriegen gelernt hat.

Christoph Stückelberger

Wie dem auch sei, ich möchte darüber hinaus die Grundprinzipien ergänzen. Wir haben – ausgehend von Rerum novarum – vom Personprinzip, vom Gemeinwohlprinzip und vom Subsidiaritätsprinzip gesprochen. Unter globalisierten Bedingungen müssten wir von einem vierten Prinzip sprechen, das ich das Oikos-Prinzip nenne. Oikos ist der griechische Begriff für Haus. Neutestamentlich ist es der Begriff für das Haus Gottes. Die Erde ist Gottes Haus. Das Oikos-Prinzip meint: Wir nehmen unsere Verantwortung wahr gegenüber und in diesem Oikos, und zwar auf drei Ebenen: ökologisch – in der Sorge für Natur und Umwelt, ökonomisch – im nachhaltigen Umgang mit den Gütern und beschränkten Ressourcen der Erde, und ökumenisch – im friedlichen Zusammenleben der Kirchen. In allen drei Wörtern ist das Oikos-Prinzip enthalten. Das Ernstnehmen dieser drei Dimensionen ergibt ein Orientierungsmuster für ethisches Handeln in der globalisierten Welt.

Peter Henrici

Wenn ich über unseren engen Rahmen hinaus denke, frage ich mich, ob die genannte Vorstellung von Liberalismus ausserhalb Europas überhaupt anwendbar, ob sie globalisierbar ist. Die Wirtschaft globalisiert sich immer mehr. Und doch bezieht sie dabei die Welt als ganze nicht ein. Die Ökologie, die Nachhaltigkeit, die Christoph Stückelberger genannt hat, hat meist nur einen marginalen Stellenwert, obwohl sie den ganzen Globus betrifft.

Dazu kommt ein typisch katholisches Prinzip, das in Südamerika seinen Ursprung hat und inzwischen von der ganzen katholischen Welt aufgenommen wurde: die vorrangige Option für die Armen. Um Gerechtigkeit zu schaffen und die Menschenwürde zu achten, muss man in erster Linie auf die Zu-kurz-Gekommenen und immer neu Zu-kurz-Kommenden achten. Das hat eine Wirtschaftsethik zu bedenken. Welches sind die Auswirkungen unseres Wirtschaftens, unseres Lebensstils und unserer Ethik auf andere Gesellschaften und auf andere Kulturen und Erdteile?

5 Säkulare Wirkungen kirchlicher Prinzipien

Christoph Stückelberger

Von diesen Überlegungen her möchte ich als christlicher Ethiker die Frage stellen: Welches ist der Einfluss der christlichen Konfessionen auf die Strukturprinzipien von Organisationen, Unternehmen und Staaten? Die reformatorischen Kirchen kennen das Prinzip des synodalen Aufbaus ihrer Institutionen, also von unten nach oben und nicht von oben nach unten. Davon abgeleitet kann man sagen, dass demokratische Strukturen in der Gesellschaft ein wesentliches Strukturprinzip bilden, welches das hierarchische Strukturprinzip ergänzt. Die Wirtschaft kennt beides: Das Genossenschaftswesen hat sozusagen das synodale Strukturprinzip aufgenommen, währenddem nationale und internationale Unternehmen im Wesentlichen das hierarchische Prinzip verkörpern. Selbstverständlich kann man diese Prinzipien heute nicht mehr eindimensional den Konfessionen zuordnen, aber historisch haben sie darin ihre Wurzeln.

Man kann den Kreis freilich noch weiter ziehen. Das reformierte Strukturprinzip wurde auf Weltebene in den Grundstrukturen der Uno mehrheitsfähig. Alle Staaten sind darin gleichwertig vertreten. Aus ethischer Sicht stellt sich aber die prinzipielle Frage: Wie sind das demokratische und das hierarchische Strukturprinzip zu gewichten? Welches wird unserem Menschenbild besser gerecht? Welchen Einfluss haben diese Prinzipien auf die Gestaltung der Gesellschaft? Und wie können wir – nach vorn gedacht – die partizipative Seite des reformatorischen Erbes in einer pluralisierten Welt wahren und unter veränderten Bedingungen zur Geltung bringen?

In diesen Zusammenhang gehört ein drittes Strukturprinzip, nämlich das Netzwerk-Prinzip und damit sozusagen eine *Google-Ethik*. Gemeint ist ein dezentrales, autonomes Prinzip. Jeder kann irgendwo an einer Ecke anfangen und sich einklicken und einbringen. Das ergibt keine transparente Demokratie. Man weiss nicht genau, wer mit wem was unternimmt. Aber es ist ein lebendiges, sehr dynamisches Strukturprinzip, das man nicht gegen die hierarchischen und synodalen Strukturen ausspielen sollte. Es ist etwas Drittes.

Konfessionell entspricht dem am ehesten das Prinzip der Pfingstgemeinden oder der kongregationalistischen Kirchen. Sie organisieren sich weltweit nicht hierarchisch oder synodal, sondern bauen religiös auf der Gemeindeautonomie auf. Jeder kann sich mit jedem vernetzen. Es ist nicht zufällig, dass die Pfingstgemeinden heute stark wachsen, sie entsprechen strukturell ein Stück weit der modernen *Google-Gesellschaft*. Die Christenheit umfasst damit drei grosse Blöcke: die katholische Kirche, die protestantischen und orthodoxen Kirchen, die in der Ökumene von Genf zusammengeschlossen sind, und die Pfingstbewegungen.

Für die traditionellen Kirchen stellt sich die Frage: Wie gehen wir mit diesem dritten Strukturprinzip um? Nehmen wir es in den katholischen und protestantischen Kirchen und Gesellschaften auf? Oder provokativ formuliert: Ist Peter Ulrich ein verkappter *Pentecostal-Reformed*, weil er sich z. B. in der Arbeitsgestaltung für flexible Formen der Arbeitsbeziehungen ausspricht und damit für ein netzwerkartiges Strukturprinzip mit flachen Hierarchien?

Peter Ulrich

Was Christoph Stückelberger darlegt, ist der neue Geist des Kapitalismus. Das ist genau der Kern des neuen Tätigkeitsethos, ein sehr flexibles Networking. Es ist inzwischen eine grundlegende Kulturtechnik. Allerdings sind diejenigen, die ein neues Prinzip vorleben, nie konsistent. Wer unter der Flagge einer postkonventionellen Ethik segelt, entwirft vernunftethische Ideen, welche die meisten überfordern. Das war schon immer so. Auch Unternehmer, die neue Ideen entwickeln und in die Praxis umzusetzen versuchen, stecken mit einem Bein meist noch im Alten.

Erwin Koller

Die katholische Kirche wird gelobt, weil sie gemäss ihrem hierarchischen Prinzip Köpfe hat, mit denen man sich identifizieren kann und die publizistisch wirksamer sind als protestantische Institutionen mit komplizierten demokratischen Strukturen. Wenn man nun aber das Prinzip des Vernetzens hinzunimmt, möchte man vermuten, dass die katholische Kirche doch mit beiden Beinen im Alten steht.

Peter Henrici

Sie steht im Alten und strebt doch seit dem Zweiten Vatikanischen Konzil zum Neuen, zum Netzwerk: mit ihrer Lehre von der Kirche, welche sie als Gemeinschaft von Gemeinschaften (Communio) sieht, und mit der Vernetzung der Diözesen und der Kontinente untereinander. Die Einheit dieser Vernetzten wächst allerdings nicht *von unten*, sondern ist vorgegeben, und zwar weniger durch eine Führung *von oben* als durch einen zentralen Bezugspunkt, mit dem alle Vernetzten in Verbindung stehen müssen. Die katholische Kirche ist also mit all den genannten Fragen konfrontiert. Die Basisgemeinden und die neuen Bewegungen innerhalb der Pfarreien zum Beispiel sind etwas sehr Lebendiges in der katholischen Kirche, während die Bischofssynoden noch nicht richtig funktionieren.

Erwin Koller

Und was bedeutet das Networking-Prinzip für die Wirtschaft?

Peter Hasler

Networking ist immer gut. Die Gesellschaft ist ein phantastisches Netzwerk und die Wirtschaft lebt vom Netzwerk. Der beste auf dem Markt ist der Vernetzteste.

Christoph Stückelberger

Dabei muss man sich aber vor einer Gefahr hüten. Oft meint man, das Netz sei gleichzusetzen mit einem herrschaftsfreien Raum. Man denkt idealistisch: Da sind alle gleich. Das ist nicht so. Die Machtfrage muss in der vernetzten Welt genau so scharf und kritisch gestellt werden, wie es die Reformatoren zu ihrer Zeit gegenüber der katholischen Hierarchie oder staatlichen Fürsten getan haben. Die Voraussetzungen freilich sind heute anders: Es gibt neue Machtkonstellationen mit viel Eigendynamik, die oft nicht transparent sind. Das Netz hat eine positive, partizipatorische Seite und eine negative, die Machtkonzentrationen und Abhängigkeiten schafft. Auch die neue Flexibilisierung des Menschen in der Arbeit ist ein Idealbild, das für 25- bis 35-jährige Frauen und Männer zutreffen mag. Sie können die Flexibilität als Projektprinzip mal durchleben. Doch wo sind die Opfer? Welche Auswirkungen hat das auf die Beziehungen? Der Zusammenhang zwischen dem Berufs- und Arbeitsbild und dem Beziehungsbild kann nicht geleugnet werden: Patchwork-Familien, Lebensabschnitt-Beziehungen, Partnerschaften als Projekt sind Ausdruck davon.

Peter Hasler

Ich möchte auf eine Aussage unserer beiden Theologen zurückkommen: die seelsorgliche Einzelarbeit in der Kirche. Sie nimmt die Menschen als Menschen ernst, spricht mit ihnen und gibt ihnen etwas mit auf den Weg. Andererseits leeren sich die Kirchen. Und insbesondere die katholische Kirche gibt den modernen Menschen in der Schweiz nicht mehr angemessene moderne Antworten: zur Stellung der Frau, zur Ehe, zum Zölibat. Ich habe den Eindruck, dass sie der Entwicklung der modernen Gesellschaft mit 50 bis 100 Jahren Verspätung hinterher folgt. Wenn nun aber die Kirchen leerer werden und freie Religionsgemeinschaften grösseren Zulauf bekommen, wenn ihre Anhänger – aus meiner Sicht falsche – Propheten bejubeln und ihnen zehn Prozent ihres Einkommens abliefern, währenddem die Landeskirchen immer weniger bekommen: Wie können die Kirchen auf dieser Basis etwas bewirken?

Christoph Stückelberger

Das Gerede von den leeren Kirchen stimmt empirisch nicht, sowohl schweizerisch wie international. So reden Leute von aussen, welche die Kirche von innen nicht kennen. 80 Prozent der Bevölkerung der Schweiz sind Mitglied einer Kirche. Natürlich kommen sie oft nur an Festtagen oder zu familiären Feiern in die Kirche. Aber sie tragen die Kirche doch mit. Wir dürfen sie nicht einfach als dritt- oder viertklassig abtun. Die Verankerung ist tiefer, als meist angenommen wird, auch wenn der Einfluss auf sie heute gewiss schwächer ist. Der Erfolg der Kirche ist aus protestantischer Sicht, dass sie sich in die Gesellschaft hinein diffundiert hat und dass ihre Prinzipien auch unter säkularen Bedingungen weiter wirken. Das ist kein Trost, und ich verfechte nicht die These, die Kirche solle sich selber auflösen, damit das Reich Gottes in der Gesellschaft gegenwärtig werde. Aber wir dürfen nicht so tun, als ob der Einfluss nicht da wäre.

Peter Henrici

Die sich leerenden Kirchen sind trotzdem eine Tatsache. Aber es findet gleichzeitig eine Konzentration statt. Es gibt einen Kern von Personen, die sich stärker als früher kirchlich engagieren. Und es gibt daneben eine breit ausufernde volkskirchliche Masse, die sich mehr oder weniger zugehörig empfindet.

6 Schlussfolgerungen

Erwin Koller

Versuchen wir, Schlüsse zu ziehen. Und wenn wir schon am Paradeplatz tagen, möchte vielleicht noch jemand von der Verantwortung gegenüber dem Geld sprechen.

Christoph Stückelberger

Darüber wäre ein eigenes Seminar lohnend: Zu welcher Finanzethik führt die Wirtschaftsethik? Wie kann mit volatilen Geldströmen verantwortungsvoll umgegangen werden? Die Mobilität des Kapitals in der globalisierten Wirtschaft ist eine grosse Herausforderung. Ich verweise auf die Bankenethik von Peter Ulrich[3] oder meine Ethik des Welthandels, die auch den Geldhandel einschliesst.[4]

Ich möchte eine Brücke schlagen vom *protestantischen* Arbeitsethos zur *katholischen* Option für die Armen. Der Grundimpuls für das protestantische Arbeitsethos war bei Zwingli und Calvin nicht die Heilsgewissheit im Jenseits, das ist ein Missverständnis. Vielmehr hat Calvin gesagt: Weil du Gnade erfährst und weisst, dass du nicht ständig auf dein Heil schauen musst, deshalb bist du frei gegenüber den Armen. Arbeitsethos heisst: Du sollst arbeiten, damit du dir selber deinen Lebensunterhalt erwerben und dich für die Armen einsetzen kannst. Sein Impuls für die Arbeitsethik war gekoppelt mit dem Engagement für die Armen. Calvin und Zwingli haben das bis hin zur Zinsgesetzgebung betont. Es ging immer um die Frage: Wie können wir den Schwächeren der Gesellschaft helfen: in der Arbeitsethik, in der Finanzpolitik, in der Gestaltung der Gesetze, in den sozialen Einrichtungen?

Peter Hasler

Ich möchte Bischof Henrici Trost spenden. Seine Sorge, dass unsere globalisierte Wirtschaft zu einer Entwicklung führen könnte,

---

3 Thielemann, Ulrich und Ulrich, Peter (2003): Brennpunkt Bankenethik: der Finanzplatz Schweiz in wirtschaftsethischer Perspektive. St. Galler Beiträge zur Wirtschaftsethik Band 33, Haupt Verlag Bern.
4 Stückelberger, Christoph (2001): Ethischer Welthandel – eine Übersicht. Haupt Verlag, Bern (auch französisch, englisch, chinesisch).

die ins Negative kippt, ist sehr berechtigt. Wenn wir aber über einen längeren Zeitraum zurückblicken, hat sich doch einiges getan: Die WTO versucht, im Rahmen von Welthandelsrunden die ärmeren Länder mit einzubeziehen. Die Weltbank vergibt ihre Kredite auch unter sozialen und ethischen Gesichtspunkten. Die Uno erfüllt ihre Tätigkeit auf einem Wertgerüst: Gleichberechtigung der Nationen, faire Behandlung aller, Sanktionen für jene, die dagegen verstossen. Die internationale Arbeitsorganisation in Genf versucht, weltweit einen einheitlichen Standard für die Arbeit zu erreichen, fast alle Länder machen mit. Gegenüber diesen sehr hohen Standards ist die Arbeitszeit der Oberärzte in der Schweiz geradezu unanständig. Natürlich stellt sich die Frage, wie diese Standards umgesetzt werden können. Doch entscheidend ist, dass man diese Werte und Grundrechte als gemeinsame Richtschnur definiert. Ich bin Optimist: Wir kommen Schritt für Schritt voran. Und auch wenn wir immer wieder Pannen erleben, sind damit doch Signale gesetzt für den richtigen Weg, auch gegenüber jenen Zweiflern, die in der Schweiz gegen jede internationale Vernetzung ankämpfen. Die Schweiz ist ein kleiner Teil der grossen Welt. Und doch sind wir in der Uno in kurzer Zeit eine hoch respektierte Nation geworden, zum Beispiel in Sachen Menschenrechte, nicht zuletzt dank der hervorragenden Arbeit von Botschafter Maurer.

Peter Ulrich

Ich möchte eine Lanze brechen für die philosophische Ethik, die mit den Mitteln der Vernunft überzeugen muss – auch das soll ein Trost sein für die Kirchen. Trauen Sie Ihrer eigenen Sozialethik! Sie wird in ihrer Substanz und in ihren besten Varianten den Rationalitätstest der philosophischen Vernunftethik bestehen. Und was den Test nicht besteht, ist vermutlich historischer Müll, den man ruhig über Bord werfen kann. Das Argument von Peter Henrici über die Globalisierung möchte ich provokativ umdrehen und sagen: Liberales (nicht wirtschaftsliberales!) Denken ist die einzige Chance auf der Welt. Denn wir haben viele Kulturen, viele Konfessionen und viele Heilige Schriften. Jede Ethik, die auf eine Konfession setzt, stösst zu Recht auf den Widerstand von Peter Hasler, weil er einwenden muss: Es gibt viele Ethiken, wir können uns nicht auf eine einzige stützen.

Wir können uns nur auf die Menschenrechtsebene abstützen. Das ist eine vernunftethisch tragfähige Idee, die wir stark machen können. Die Menschenrechte sind leider beim Global Compact der Uno und in der Wirtschaft nicht zu Ende gedacht. Man assoziiert sie mit dem Staat, dabei sind Menschenrechte gerade Rechte, die unabhängig vom Staat gelten. Eine solche Konzeption kann an die besten naturrechtlichen Traditionen anknüpfen. Wer A sagt, muss auch B sagen. Wer für global offene Märkte ist, der muss – wenn er nur ein bisschen vernünftig ist – auch globale Spielregeln wollen, die die Märkte zivilisieren und in die allgemeine Menschenvernunft einbetten. Das ist die Herausforderung des 21. Jahrhunderts. Und angesichts dieser Aufgabe sind wir noch nicht halb so modern, wie wir meinen.

Erwin Koller

Was macht ein Bischof an diesem Festtag mit so viel Trost?

Peter Henrici

Ich fühle mich in manchen Punkten getröstet und bin etwas optimistischer und hoffnungsvoller im Blick auf die Zukunft. Wir feiern die 200 Jahre seit der Zulassung katholischer Messfeiern in Zürich. Das erinnert mich an ein anderes Thema, das mit der Globalisierung zu tun hat: die Migration. Alle Katholiken in Zürich – einige Konvertitenfamilien ausgenommen – sind Immigranten. Zunächst waren es Immigranten aus der Innerschweiz, die sich leicht assimilierten. Heute haben wir es mit Immigranten zu tun, die fast nicht integrierbar sind, weil sie eine ganz andere Religion und Kultur mit sich bringen. Und damit haben wir sozusagen eine Globalisierung in unserem eigenen Land. Wir haben noch nicht genügend nachgedacht, was das für unsere Wirtschaft und unsere Gesellschaft bedeutet. Ob für Leute, die religiös und kulturell dem Liberalismus sehr fern stehen, ein liberales Gesellschaftsmodell genügt? Für mich bleibt die Frage offen.

René Zihlmann

Kooperation ist die Norm, Alleingang die Abweichung

Mein Schlusswort will keine Ergänzung zum Thema des Symposiums sein, ich möchte vielmehr den Zusammenhang aufzeigen, in dem die heutige Veranstaltung zu sehen ist. Sie bildet nicht den Abschluss, aber einen Höhepunkt von verschiedenen Jubiläumsaktivitäten im Rahmen des Projekts *200 Jahre unterwegs* der Katholischen Kirche im Kanton Zürich. Der Seelsorgerat als Rat des Generalvikars organisierte im Juli 2006 eine kantonale Wallfahrt nach Einsiedeln, der rund tausend Personen folgten. Im letzten September lancierte das Generalvikariat eine Zukunftswerkstatt, einen mehrstufigen und interaktiven Prozess des Nachdenkens über die Katholische Kirche im Kanton Zürich, an dem über 300 Personen aus den Pfarreien und Kirchgemeinden teilnahmen. Mit der Veranstaltung *Zwischen Grossmünster und Paradeplatz* gehen Universität und katholische Kirche 200 Jahre nach Gründung der katholischen Pfarrei Zürich den Herausforderungen einer globalisierten Wirtschaft an die Kirchen nach.

Katholische Kirche im Kanton Zürich – 200 Jahre unterwegs

Mit diesem Titel soll nicht suggeriert werden, dass es im Kanton Zürich die Katholische Kirche erst seit 200 Jahren gibt. Selbstverständlich existierte sie schon lange vorher. Die Reformation brachte aber eine wichtige Zäsur. Die Geschichte legt nahe, dass am 12. April 1525 in Zürich zum letzten Mal öffentlich die Messe gelesen wurde. Diese Regelung sollte rund 300 Jahre andauern. Erst mit der auf die napoleonische Mediationsakte zurückgehenden Tagsatzung von 1807 und dem Dekret des Kleinen Rates (Regierungsrat) vom 10. September im selben Jahr wurden das rechtliche Fundament zur Gründung der katholischen Pfarrei Zürich gelegt und damit auch wieder katholische Gottesdienste geduldet. 200 Jahre später ist aus dem geduldeten Nebeneinander ein ökumenisches Miteinander von katholischen und reformierten Christen geworden.

Vom Toleranzedikt zur öffentlich-rechtlichen Anerkennung

Das Dekret von 1807 wird auch als *Toleranzedikt* bezeichnet. Es ist im Wortlaut sehr restriktiv gehalten und mit vielen Auflagen verbunden. So heisst es unter anderem: «Diese Bewilligung soll unter keinen Umständen weder dem Kanton noch der Stadtgemeinde Zürich irgendeine ökonomische Beschwerde oder Unkosten verursachen.» (Art. 2) «Die Geistlichen und die Vorsteher sollen sich alles dessen enthalten, was Proselytismus oder Kontroversen genannt werden kann.» (Art. 6) «Ausserhalb der Kirche dürfen keinerlei Prozessionen oder andere Zeremonien irgendwelcher Art vorgenommen werden.» (Art. 7) Dies konnte aber die Entwicklung und den Aufbruch der Katholischen Kirche im Kanton Zürich nicht bremsen. Als Folge der in der Bundesverfassung von 1848 verankerten Freizügigkeit und Niederlassungsfreiheit, welche vornehmlich in den reformierten Kantonen gefördert und gefordert worden waren, nahm die Zahl und das gesellschaftliche Gewicht der katholischen Einwohner im Kanton Zürich zu. 1863 trat das erste katholische Kirchengesetz in Kraft. Neben den beiden bisherigen Kirchgemeinden Dietikon und Rheinau wurde die *katholische Genossenschaft* Zürich zur Kirchgemeinde erhoben und mit Winterthur eine weitere geschaffen.

Eine weitere Zäsur entstand 1873 im Zusammenhang mit dem Ersten Vatikanischen Konzil und der Spaltung in Altkatholiken und Romtreue. In der Folge kam das erste Kirchengesetz nicht mehr voll zur Anwendung und wurden mit Ausnahme von Dietikon, Rheinau und Winterthur keine katholischen Pfarrer mehr vom Staat besoldet. Nicht zuletzt dank der Öffnung der katholischen Kirche durch das Zweite Vatikanische Konzil gewinnt exakt hundert Jahre später nach einer Kampfwahl der erste Katholik einen Sitz im Regierungsrat, und der Zürcher Souverän stimmt am 7. Juli 1963 mit gut 60 Prozent dem Gesetz über das katholische Kirchenwesen zu. Es anerkennt die katholische Kirche als öffentlich-rechtliche Körperschaft mit Kirchgemeinden und Steuerrecht. Trotz den inzwischen über 300'000 katholischen Mitgliedern im Kanton wäre die Anerkennung ohne die Verständigungsbereitschaft der reformierten Mehrheit nicht möglich gewesen.

«Kooperation ist die Norm, Alleingang die Abweichung»

Mit dieser Kernaussage wandten sich vor zehn Jahren Kirchen-ratspräsident Ruedi Reich und der damalige Generalvikar und Weihbischof Peter Henrici in einem viel beachteten Brief zur ökumenischen Zusammenarbeit an die Kirchgemeinden und Pfarreien[1]. Der gemeinsame Brief ist die Frucht einer langen und in den letzten Jahrzehnten stetig gewachsenen Offenheit und ökumenischen Zusammenarbeit zwischen den beiden grossen christlichen Kirchen im Kanton Zürich. So darf heute Generalvikar Paul Vollmar als Weihbischof von reformierter Seite eine grosse Akzeptanz erfahren, was nicht selbstverständlich ist. Die katholische Kirche unterstützte umgekehrt beispielsweise die Herausgabe der neuen Zürcher Bibel mit einem bescheidenen finanziellen Beitrag. Sie anerkennt damit die Verdienste der Schwesterkirche um das Wort, und sie weiss, dass diese Bemühungen auch den Katholiken zugute kommen. Die ökumenische Offenheit zeichnet sich dadurch aus, dass Vieles gemeinsam oder – wenn eigenständig – in gegenseitiger Absprache gedacht, konzipiert und umgesetzt wird. Bei allem Respekt vor der Ökumene achten beide Kirchen darauf, das je andere Profil zu respektieren. Ökumene bedeutet nicht die Suche nach dem gemeinsamen Nenner, sondern ein Miteinander unter Respektierung der unterschiedlichen Traditionen und Standpunkte.

Gelebte Ökumene im Kanton Zürich

Ökumene lebt – wie das kirchliche Wirken insgesamt – vor allem in den Pfarreien und Kirchgemeinden. Dieses Miteinander auf kommunaler Ebene kommt in gemeinsamen Gottesdiensten, Fa-

1 Der Brief ist im Anschluss an diesen Beitrag dokumentiert.

milienanlässen, Informationsveranstaltungen, Kursen und Festen, aber auch durch gegenseitige Vertretungen und behördliche Zusammenarbeit zum Ausdruck. Auf kantonaler Ebene präsentiert sich dieses Miteinander von reformierter und katholischer Kirche schon etwas spektakulärer. Gemeinsame Stellen wie die kantonale Ehe- und Paarberatungsstelle, die Fachstelle bei Arbeitslosigkeit (DFA), die Lehrlings-Seelsorge (*kabel*), die Bahnhofkirche, das Flughafenpfarramt, die Beratungsstelle für Asylsuchende, die Telefon-Seelsorge, die Internet- und SMS-Seelsorge, das Aidspfarramt, die Polizei-Seelsorge u. a. m. bieten allen Menschen im Kanton Zürich ihre Dienste an. Und neue kommen hinzu: Im März 2007 werden die reformierte und katholische Kirche im Kanton Zürich über ihre beiden Stadtverbände auch in der *Sihlcity* präsent sein. Ausdruck der offenen und engen Zusammenarbeit der beiden Kirchen ist auch das Ringen um ein neues Kirchengesetz, das nächstens im Kantonsrat beraten wird. Es zeugt vom gegenseitigen Willen, trotz Verschiedenheit, Eigeninteressen und je eigenem Profil Hand zu bieten für ein modernes und zukunftsweisendes Gesetz.

Mögen die Brücken auch in Zukunft tragen!

200 Jahre unterwegs. Dankbar schauen wir zurück und richten den Blick hoffnungsvoll in die Zukunft. Am heutigen Tag bleibt der Dank an die Organisatoren dieses Symposiums: Professor Johannes Fischer vom Institut für Sozialethik der Universität Zürich; Pater Josef Bruhin, Redaktor der Zeitschrift Orientierung; Erwin Koller, Theologe und Journalist. Danken möchte ich auch allen Referenten und Podiumsteilnehmern. Ein herzliches Dankeschön gehört schliesslich allen interessierten Teilnehmerinnen und Teilnehmern der Veranstaltung. Mögen die Brücken zur Praxis auch die nächsten 200 Jahre tragen!

Brief zur ökumenischen Zusammenarbeit vom 21. September 1997

In einem gemeinsamen Brief zur ökumenischen Zusammenarbeit haben sich Weihbischof Peter Henrici und Kirchenratspräsident Ruedi Reich am Eidgenössischen Bettag des Jahres 1997 (21. September) an die katholischen und reformierten Kirchgemeinden und Pfarreien im Kanton Zürich gewandt. Dieser Ökumene-Brief unter dem Motto «Kooperation ist die Norm, Alleingang die Abweichung» hat weit über Zürich hinaus grosse Beachtung gefunden. Er ist nachfolgend im Wortlaut dokumentiert.

Liebe Brüder und Schwestern

Längst ist uns bewusst, dass unsere Kirchen viel mehr miteinander verbindet als trennt. Wir sind davon überzeugt, dass wir alle, ob wir nun der römisch-katholischen oder der evangelisch-reformierten Kirche angehören, Glieder an dem einen Leib Christi sind. Alles, was für unser christliches Leben entscheidend ist, ist uns gemeinsam: die eine Taufe, die Ehrfurcht vor dem Wort Gottes, das Bekenntnis zu Jesus Christus, die Verpflichtung zu einem Leben aus dem Geist des Evangeliums.

Ökumenische Veranstaltungen und Anlässe sind im Kanton Zürich durch langjährige Praxis zur Gewohnheit und selbstverständlich geworden. Vielleicht zu selbstverständlich, so dass wir ihren Wert und ihre Bedeutung nicht mehr wirklich schätzen. Vieles geschieht schon, aber einiges mehr wäre auch im Rahmen der jetzigen Bestimmungen noch möglich. Mancher ökumenische Wunsch muss allerdings unerfüllt bleiben, solange wir noch nicht am Ziel der eigentlichen Kircheneinheit sind.

Gerne und in erster Linie erinnern wir an den Weltgebetstag, der von Frauen ins Leben gerufen wurde und von ihnen seit Jahrzehnten als eindrückliche ökumenische Feier gestaltet wird. In vielen gemischtkonfessionellen Familien ist die Ökumene zum Alltag geworden und hat sich in den vergangenen 30 Jahren auf verschiedenen Ebenen des kirchlichen Zusammenlebens etabliert. So gibt es vielerorts gemeinsame Anlässe der beiden Kirchgemeinden. Ökumenische Gottesdienste, namentlich in der Weltgebetswoche für die Einheit der Christen und am Eidgenössischen Dank-, Buss- und Bettag, sowie Quartier- und Dorffeste, gemeinsame Zmorgenessen, ökumenisch organisierte Nachbarschaftshilfe, Bibelgruppen und vieles mehr, zeugen von einer grossen Vielfalt gemeinsamer Veranstaltungen der reformierten und katholischen Kirchgemeinden und Pfarreien im Kanton Zürich. Auch der konfessionell kooperative Religionsunterricht führt zu gemeinsamen Erfahrungen.

Auch auf kantonaler Ebene arbeiten kirchliche Institutionen und Verantwortliche eng zusammen. Die Kirchenleitungen pflegen einen regelmässigen Austausch. Die Abstimmung über die Initiative zur Trennung von Kirche und Staat hat zu einer Vertiefung der Zusammenarbeit unter den Kirchenleitungen geführt, die nun in der Bearbeitung der offenen Fragen fortgesetzt wird.

Gemeinsam sind die beiden Kirchen in einem breiten Spektrum sozialer Fragen und der Seelsorge tätig. In der Spital- und Gefängnisseelsorge sind Formen der Zusammenarbeit seit Jahren eingeübt. Für arbeitslose Menschen engagieren sich die kirchlichen Dienststellen für Arbeitslose, in der Flüchtlingsfrage die Zürcher Beratungsstelle für Asylsuchende, getragen von den kirchlichen Hilfswerken und den beiden Kirchen. Das Aidspfarramt, neu auch die ökumenische Lehrlingsseelsorge und das Flughafenpfarramt sind Zeichen für den gemeinsamen Einsatz der Kirchen für Menschen in verschiedenen Lebenslagen. Wir sind sehr dankbar für all diese Dinge, die bereits geschehen.

Wir achten aber auch die Verschiedenheit der gewachsenen Traditionen. Dass dennoch viele der alten Differenzen und Streitigkeiten beigelegt werden konnten, dass an vielen Orten echte Freundschaft unter den Mitgliedern der beiden Kirchen entstanden ist, dass gegenseitiges Verständnis und Freude am Reichtum der je anderen Konfession möglich wurde, sehen wir als begrüssenswerten Schritt der Versöhnung.

Viele Christinnen und Christen fühlen sich heute nicht mehr ausschliesslich einer Konfession verpflichtet, sondern stehen der eigenen Tradition in ähnlich kritischer Offenheit gegenüber wie derjenigen, die sie durch Ehepartner oder andere nahestehende Menschen kennengelernt haben. Das einst so klare «entweder-oder» zwischen den Konfessionen ist für viele Menschen zu einem vorsichtigen «sowohl als auch» geworden.

Die im Mai 1992 von der Ökumenischen Frauenbewegung Zürich eingereichte Petition «Doppelmitgliedschaft» wollte diese Haltung strukturell verankern und es ermöglichen, gleichzeitig katholisch und reformiert zu sein. Aus theologischen und formal-institutionellen Gründen können wir eine Doppelmitgliedschaft nicht befürworten. Das dahinterstehende Anliegen schien uns aber so wichtig, dass wir eine Arbeitsgruppe beauftragt haben, nach kirchlich vertretbaren Lösungen zu suchen. Wie kann die Lebensrealität der Menschen, die sich mehr ökumenisch als konfessionell verstehen, wahrgenommen und fruchtbar gemacht werden? Wo ist in der Praxis von Kirchgemeinden und Pfarreien noch eine vermehrte ökumenische Zusammenarbeit möglich?

Der vorliegende Brief ist ein erstes Ergebnis dieses Weiterdenkens. Wir möchten damit den Auftrag und das Anliegen des gemeinsamen Weges beider Kirchen einmal mehr und mit Nachdruck in Erinnerung rufen. Wir bitten Sie, die folgenden Anregungen für die konkrete Situation Ihrer Kirchgemeinde und Pfarrei zu bedenken – am besten natürlich gemeinsam mit Partnerinnen und Partnern der anderen Konfession. Es ist uns ein Anliegen, dass dieses Schreiben in Ihrer Kirchgemeinde und Pfarrei möglichst breit ins Gespräch gebracht wird.

In unserem kirchlichen Alltag denken wir oft zuerst an die je eigene Arbeit in unserer Kirche, erst dann geht es um die Frage, wie Ökumene zu gestalten sei. Hier ist ein Umdenken nötig, das unserem ökumenischen Alltag neue Energien verleihen könnte. Wir sollten vermehrt fragen, warum wir etwas nicht gemeinsam mit unserer Schwesterkirche unternehmen. Wenn wir uns in bestimmten Dingen noch für ein getrenntes Vorgehen entscheiden, müsste das begründet werden. Kooperation ist die Norm, Alleingang die Abweichung. Das kann zum Beispiel bedeuten:

– Gemeinsame Kommissionen oder Arbeitsgruppen für seelsorgerliche Aufgaben, für Erwachsenenbildung, Jugendarbeit, Altersarbeit etc.

- Gelegentlich gemeinsame Sitzungen der beiden Kirchenpflegen, der Seelsorger und Seelsorgerinnen, der kirchlichen Mitarbeiter und Mitarbeiterinnen.
- Ökumenische Gemeindeseiten in «Kirchenbote» und katholischem «Forum» (gleiches Signet, gleicher Inhalt): Kolumnen, Meditation, Berichte, Vorstellen von Personen und Gruppierungen, Veranstaltungshinweise etc.
- Ökumenische (Themen-) Gottesdienste feiern.
- Abdankungen in ökumenischem Sinn gestalten (evtl. Entwicklung einer gemeinsamen Liturgie).
- Bei Neubauten gegebenenfalls ökumenische Kirchgemeindezentren verwirklichen.
- Bei der Vorbereitung von Pfarrwahlen mit der Schwestergemeinde ins Gespräch kommen.
- Jedes Gemeindeglied kann auf Wunsch in die Adresskartei der Schwesterkirche aufgenommen werden, um auch dort, wo konfessionell getrennte Anlässe stattfinden, informiert und eingeladen zu werden.

Speziell möchten wir Sie ermutigen, im Hinblick auf die vielen Kinder aus konfessionell gemischten Ehen ein für Ihre Gemeinde stimmiges Seelsorgekonzept auszuarbeiten. Wie können wir dem doppelten Anliegen gerecht werden, den Kindern einerseits eine echte Beheimatung in einer Konfession zu geben, und ihnen andererseits die Kenntnis und die Hochschätzung der Konfession des anderen Elternteils zu vermitteln? Gibt es ökumenische Angebote wie «Chrabbelgottesdienste», Familienferien? Zu welchen konfessionellen Anlässen oder Gruppierungen können explizit auch Kinder der anderen Konfession eingeladen werden? Im kirchlichen Alltag sollte sichtbar werden, dass es nur eine christliche Taufe gibt, auf der sich das Leben der beiden Konfessionen aufbaut. Die Grundelemente des christlichen Glaubensbekenntnisses, die für beide Konfessionen gleich sind, und die konfessionsübergreifenden christlichen Grundhaltungen sollen den Kindern in erster Linie vermittelt werden. Darüber hinaus aber sollen die Kinder auch erleben können, in welcher Konfession sie beheimatet sind, indem sie in die traditionellen Ausdrucks- und Gottesdienstformen ihrer Konfession eingeführt werden.

Schliesslich kommen wir zu einem schmerzlichen Thema. Das Zeichen der Kircheneinheit, die Eucharistie, ist uns zum Zeichen der Trennung geworden. Zwei verschiedene kirchliche Auffassungen des Abendmahles stehen sich gegenüber. Für die Reformierten ist es Christus, der alle, die an ihn glauben, zu seinem Tisch einlädt. Darum werden auch Katholikinnen und Katholiken zur Teilnahme am Abendmahl in reformierten Gottesdiensten eingeladen. Für die katholische Kirche ist dagegen die Eucharistie so sehr das Zeichen der Kircheneinheit, dass sie erst in einer geeinten Kirche gemeinsam gefeiert werden kann.

In manchen Gemeinden beider Konfessionen wird schon heute als Vorwegnahme dieser Einheit eucharistische Gastfreundschaft geübt. Sinn dieser Gastfreundschaft kann es nicht sein, dass Menschen unvorbereitet am Mahl teilnehmen. Vielmehr soll das Gewissen jedes und jeder Einzelnen respektiert werden, damit sie nach redlicher Selbstprüfung im Sinne ihrer Konfession am Mahl teilnehmen. Durch eine Erwägung der konfessionellen Unterschiede im Eucharistieverständnis wird man nicht zuletzt den Glauben der anderen Konfession besser verstehen und das beiden Konfessionen Gemeinsame schätzen lernen.

Es gilt daher konfessionelle Unterschiede als Reichtum der je eigenen Tradition wahrzunehmen; noch stärker ist jedoch das Gemeinsame zu betonen: der eine Glauben und die eine Taufe – das ist echte Ökumene. Wir sind davon überzeugt, dass auch unsere beiden Kirchen den Auftrag haben, durch ihre ökumenische Ausstrahlung ein Gegengewicht zur Zersplitterung in der Welt zu setzen. Deshalb haben wir den Wunsch, dass Sie alle an Ihrem Ort den möglichen Beitrag dazu leisten.

In der Verbundenheit des gemeinsamen christlichen Glaubens grüssen wir Sie herzlich

Kirchenratspräsident
Ruedi Reich
Evangelisch-reformierte
Landeskirche
des Kantons Zürich

Weihbischof Peter Henrici
Römisch-katholischer
Generalvikar
für den Kanton Zürich

Referenten und Podiumsteilnehmer*innen*

Alois Bischofberger

Geboren 1944 in Appenzell, Studium der Volkswirtschaft an der Universität Zürich; lic. oec. publ.; arbeitet seit 1973 bei der Credit Suisse, seit 1986 als Chefökonom der Credit Suisse Group; verantwortlich für die zukunftsgerichtete Analyse der Trends in der Politik, der Volkswirtschaft, den einzelnen Branchen und Regionen, auf Finanz- und Immobilienmärkten und in der Bankpolitik; Vertretung der Bank in der Öffentlichkeit mittels Vorträgen, Seminarien, Hearings mit Politikern etc. Alois Bischofberger war bis Ende 2006 Schatzmeister der *Stiftung für wissenschaftliche Forschung* an der Universität Zürich und ist Mitglied verschiedener universitärer und ökonomischer Fachorganisationen.

Emidio Campi

Dr. theol., Professor für Kirchen- und Dogmengeschichte an der Universität Zürich; geb. 1943 in Torre Maggiore, Italien. – Studium der Theologie und Geschichte an der Waldenserfakultät in Rom und an der Universität Tübingen; Promotion an der Comeniusfakultät in Prag; Habilitation an der Universität Zürich. Seit 1998 Leiter des Instituts für Schweizerische Reformationsgeschichte an der Universität Zürich. – Forschungsgebiete: Reformationsgeschichte der Schweiz und der romanischen Länder; Konfessionalisierung und Kulturgeschichte in der frühen Neuzeit; Geschichte der ökumenischen Bewegung. Herausgeber der theologischen Werke Heinrich Bullingers und Verfasser zahlreicher Bücher und Beiträge über Heinrich Bullinger; Mitherausgeber der Neuedition der Reformierten Bekenntnisschriften und der Zürcher Beiträge zur Reformationsgeschichte.

Johannes Fischer

Dr. theol., Professor für Theologische Ethik an der Universität Zürich; geb. 1947 in Altötting/Deutschland. – Studium der evangelischen Theologie, Mathematik, Physik und Soziologie. Von 1984 bis 1990 Gemeindepfarrer, anschliessend Studentenpfarrer in Stuttgart. Von 1993 bis 1997 Professor an der Universität Basel für Systematische Theologie, seit 1997 für Theologische Ethik/ Sozialethik. Seit 1998 Professor für Theologische Ethik an der Universität Zürich und Leiter des Instituts für Sozialethik. – Forschungsschwerpunkte: Grundlagen der theologischen Ethik und der angewandten Ethik, Fragen der medizinischen Ethik und der Sozialethik. Mitglied der Nationalen Ethikkommission für den Bereich der Humanmedizin, der Zentralen Ethikkommission der Schweizerischen Akademie der medizinischen Wissenschaften (SAMW), der Ethikkommission der Universität Zürich und der Kammer für öffentliche Verantwortung der Evangelischen Kirche in Deutschland (EKD). Leiter des universitären Forschungsschwerpunkts Ethik der Universität Zürich.

Peter Hasler

Dr. iur., Verwaltungsrat, bis 2006 Direktor des Schweizerischen Arbeitgeberverbandes; geb. 1946 in Neuhausen am Rheinfall. – Studium der Rechte an der Universität Zürich. Auditor am Bezirksgericht Meilen, Adjunkt der Vormundschaftsbehörde Zürich, Betriebsjurist und Assistent des Verwaltungsrats-Präsidenten bei den Flug- und Fahrzeugwerken Altenrhein; 1974 Sekretär und dann Direktor des Arbeitgeberverbandes der Schweizer Maschinenindustrie; 1993 bis 2006 Direktor des Schweizerischen Arbeitgeberverbandes. 2006 Wahl zum Präsidenten des Spitalrats des Universitätsspitals Zürich; Verwaltungsratspräsident der Schweizerischen Treuhänder Schule; Präsident der Genossenschaft Schweizer Reisekasse Reka; Stiftungsrat des WWF Schweiz; diverse weitere Verwaltungsratsmandate.

Peter Henrici

Geboren 1928 in Zürich; Dr. phil., lic. theol., Prof. em.; 1947 Eintritt in die Gesellschaft Jesu; Studien in Zürich, Pullach bei München, Rom, Löwen, Paris; 1958 Priesterweihe; von 1960 bis

1993 Professor für neuere Philosophiegeschichte an der Pontificia Universitas Gregoriana in Rom und ab 1993 Gastprofessor an der Theologischen Hochschule Chur; seit 1993 Weihbischof des Bistums Chur und bis 2003 Generalvikar in Zürich; publizierte neben zahlreichen Artikeln und Beiträgen u. a. über Hegel und Blondel (1958), über Aufbrüche christlichen Denkens (1978) und über Glauben-Denken-Leben (1993); übersetzte u. a. Werke von Jean Daniélou, Maurice Blondel und Petrus Faber. In der Schweizer Bischofskonferenz ist er verantwortlich für die Medienkommission sowie für die Kommission *Iustitia et Pax* zu sozialethischen Fragen.

Erwin Koller

Geboren 1940 in Gossau/SG, studierte in Innsbruck, Rom und Freiburg/CH katholische und in Zürich protestantische Theologie sowie Publizistikwissenschaft und promovierte 1977 über *Religion im Fernsehen*; sechs Jahre Seelsorgetätigkeit im Kanton St. Gallen; freier Journalist; 1979 bis 2002 im Schweizer Fernsehen Leiter der Redaktion für die religiösen Sendungen, für gesellschaftspolitische und medienkritische Magazine und Dokumentarfilme, für Gesprächssendungen und für die *Musikalischen Meditationen*; 1994 gründete er die Sendung *Sternstunden* (jeden Sonntag von 10 bis 13 Uhr über Religion, Philosophie und Kunst), die er bis zu seiner Pensionierung Ende 2002 leitete und oft auch moderierte. Seither ist er Lehrbeauftragter für Medienethik an den Universitäten von Freiburg/CH (2003–04) und Zürich (ab 2006).

Käthi La Roche

Geboren 1948 in Zürich, studierte Theologie und später berufsbegleitend Freudsche Psychoanalyse; war Klinikseelsorgerin in der Psychiatrischen Klinik Schlössli in Oetwil am See, zehn Jahre Studentenpfarrerin an den Zürcher Hochschulen, erhielt bei einem Aufenthalt in Lateinamerika wichtige Impulse von der Befreiungstheologie, amtete dann als Gemeindepfarrerin in Zürich-Altstetten und Erlenbach und wirkt seit 1999 als Pfarrerin am Zürcher Grossmünster. Ausserdem sprach sie am Schweizer Fernsehen das *Wort zum Sonntag* und am Schweizer Radio DRS *Zum neuen Tag*.

Ruedi Reich

Dr. theol. h.c. der Universität Zürich, Kirchenratspräsident der Evang.-ref. Landeskirche des Kantons Zürich; geb. 1945. – Besuch des Lehrerseminars; Studium der Theologie an der Universität Zürich mit den Schwerpunkten Kirchengeschichte und Sozialethik; 1972 bis 1993 Gemeindepfarrer in Marthalen ZH, daneben Redaktor beim Zürcher Kirchenboten und ab 1983 Mitglied des Kirchenrates, seit 1991 dessen Vizepräsident; seit 1993 Kirchenratspräsident der Evangelisch-reformierten Landeskirche des Kantons Zürich sowie Präsident des Konkordates der deutschschweizerischen Evangelisch-reformierten Landeskirchen zur Ausbildung der Pfarrschaft; als vollamtlicher Kirchenratspräsident u. a. zuständig für Fragen des Pfarramtes und der Pfarrschaft und verantwortlich für den Kontakt mit kirchlichen und staatlichen Behörden, im Besonderen für die Beziehungen zur katholischen Kirche im Kanton Zürich.

Christoph Stückelberger

Dr. theol., geb. 1951, seit 1996 Titularprofessor für Systematische Theologie mit Schwerpunkt Ethik an der Universität Basel und seit Dezember 2004 Leiter des Instituts für Theologie und Ethik des Schweizerischen Evangelischen Kirchenbundes SEK in Bern. Zentralsekretär von *Brot für alle* (1992–2004); Gründer und internationaler Präsident des globalen Netzwerks von Ethikinstitutionen (www.globethics.net); Verfasser zahlreicher Publikationen zur Wirtschaftsethik, Umweltethik, zur politischen und zur Friedensethik; regelmässige Gastvorlesungen in Entwicklungsländern.

Peter Ulrich

Dr. rer. pol., Professor für Wirtschaftsethik an der Universität St. Gallen; geb. 1948 in Bern. – Studium der Wirtschafts- und Sozialwissenschaften an der Universität Freiburg/CH; Promotion am Betriebswirtschaftlichen Institut der Universität Basel; Habilitation für *Wirtschaftswissenschaften und ihre philosophischen Grundlagen* an der Privaten Universität Witten-Herdecke (D). Nach Tätigkeit in der Unternehmensberatung ab 1984 Professor für Betriebswirtschaftslehre mit sozialwissenschaftlicher Ausrichtung an der Universität Wuppertal; seit 1987 ordentlicher Professor für Wirtschaftsethik an der Universität St. Gallen HSG; 1989 Gründer und seither Direktor des Instituts für Wirtschaftsethik der HSG. – Forschungsschwerpunkt: Entwicklung des St. Galler Ansatzes der integrativen Wirtschaftsethik. Publikationen u. a.: Integrative Wirtschaftsethik: Grundlagen einer lebensdienlichen Ökonomie, 1997[1] (4. Aufl. i. Vorb.); Zivilisierte Marktwirtschaft: Eine wirtschaftsethische Orientierung, 2005; Integre Unternehmensführung: Ethisches Orientierungswissen für die Wirtschaftspraxis, 2007 (mit Th. Maak).

Friedemann Voigt

Dr. theol., Privatdozent für Systematische Theologie an der Evangelisch-Theologischen Fakultät der Ludwig-Maximilians-Universität in München; geb. 1967. – Promotion 1996, Vikariat in Königstein/Taunus, Habilitationsstipendiat der Deutschen Forschungsgemeinschaft, 2001 bis 2006 Wissenschaftlicher Assistent am Lehrstuhl für Evangelische Theologie und Kulturgeschichte des Christentums der Universität Erfurt. Habilitation im Fachgebiet Systematische Theologie 2006. Seit Oktober 2006 Leiter einer Forschungsgruppe zum Thema *Religion in bioethischen Diskursen* an der Ludwig-Maximilians-Universität in München. – Veröffentlichungen u. a.: «Die Tragödie des Reiches Gottes?» Ernst Troeltsch als Leser Georg Simmels, Gütersloh 1998; Ernst Troeltsch Lesebuch, Tübingen 2003; Vermittlung im Streit. Das Konzept theologischer Vermittlung in den Zeitschriften der Schulen Schleiermachers und Hegels, Tübingen 2006.

Martin Vollenwyder

Geboren 1953 in Zürich, lic. iur.; nach dem Studium für die Credit Suisse tätig, seit 1995 als Ressortchef im Firmenkundengeschäft; 2002 Wahl zum Zürcher Stadtrat, Vorsteher des Finanzdepartements; zuvor zwölf Jahre Gemeinderat und vier Jahre Kantonsrat; Mitglied und zeitweise Präsident der Freisinnig-Demokratischen Partei FDP der Stadt und des Kantons Zürich.

Thomas Wallimann

Dr. theol., Leiter des Sozialinstituts der Katholischen Arbeitneh-
merinnen- und Arbeitnehmerbewegung KAB; geboren in Alp-
nachdorf OW. – Studium der katholischen Theologie in Chur und
Paris; Doktoratsstudium in Luzern und Berkeley (USA); Disserta-
tion zum Thema: Drogenpolitik aus christlich-ethischer Perspektive; Nachdiplomstudium im Dienstleistungsmanagement; seit
1999 Leiter des Sozialinstituts der KAB und Dozent für Ethik in
Wirtschaft und Technik an verschiedenen Hochschulen. – Schwer-
punkte der Arbeit: Christliche Sozialethik; Ethik und Drogenpolitik; Stellungnahmen zu aktuellen sozialethischen Themen.

Bruno Weber-Gobet

Geboren 1956 in St. Gallen, Studium der Theologie in Freiburg/
CH und Bonn mit Schwerpunkt Sozialethik, Pastoralassistent in
Düdingen/FR und kirchlicher Erwachsenenbildner in Deutschfrei-
burg; seit 1995 Leiter des Bildungsinstituts für Arbeitnehmende
ARC und Mitglied der Geschäftsleitung von *Travail.Suisse* (Dach-
organisation autonomer Arbeitnehmer*innen*verbände, die sich an
den Werten der christlichen Sozialethik orientieren); Mitglied der
Eidg. Fachhochschulkommission und der Eidg. Berufsbildungs-
kommission sowie des Exekutivausschusses des Europäischen Ge-
werkschaftsbundes (bis 2005).

René Zihlmann

Dr. phil., Präsident der römisch-katholischen Zentralkommission;
geb. 1946 in Hergiswil LU. – Ursprünglich Kaufmann und Perso-
nalchef; Matura auf dem 2. Bildungsweg; Studium der Psychologie, Philosophie und Kunstgeschichte; Lizentiat in dieser Fächer-
kombination; Doktorat in Psychologie. Zahlreiche kirchliche
Engagements: Präsident der Römisch-Katholischen Zentralkommission des Kantons Zürich seit 1994 und Vizepräsident der
Römisch-katholischen Zentralkonferenz der Schweiz. Hauptbe-
ruflich Direktor des Laufbahnzentrums der Stadt Zürich (Sozial-
departement); Präsident des Stiftungsrats der Hochschule und des
Instituts für Angewandte Psychologie IAP in Zürich; Autor meh-
rerer Bücher; Lehraufträge an verschiedenen Hochschulen.